跟谁都能处得来

72个妙招让你实现职场有效沟通

[美] 莉尔·朗兹 Leil Lowndes　著　　薛玮　译

How to Talk to Anyone at Work

72 Little Tricks for Big Success in Business Relationships

上海社会科学院出版社
SHANGHAI ACADEMY OF SOCIAL SCIENCES PRESS

For my Chinese readers

I am honored and thrilled that you have invited me to share these communication techniques with you.

I send personal greetings to my many email friends and followers in your wonderful country.

With great respect and affection,

Leil Lowndes

致我的中国读者

受到你们邀请分享这些沟通技巧，我倍感荣幸和兴奋。

在你们神奇的国家，有很多朋友给我发来电子邮件，也有很多我的追随者，我谨向他们致以亲切的问候！

莉尔·朗兹

谨以此书献给

我众多的讲座学员，我的客户，还有读者朋友们，

你们把在与上司、同事、领导以及客户相处时

所遇到的各种困难和挑战，

告诉了我——

我从你们那儿学到的，

一点儿不比你们从我这里学到的少，

我们共同努力，找到了问题的解决方案。

赞 誉

这本书实在太厉害了，非常实用，能让你学会如何影响别人，如何实现清楚有效的沟通，以及如何更快地借由他人来实现自己的目标。

——布莱恩·特雷西（Brian Tracy），

美国商务关系顶级专家，畅销书作家

这本书不仅非常出色，还特别生动有趣。既能攀登事业的高峰，又不会与人为敌？这本书会告诉你怎么做。

——马歇尔·古德史密斯（Marshall Goldsmith），权威网站 Thinkers50

评选出的“世界最具影响力的领导学思想家”，

《纽约时报》畅销书《自律力》（*Triggers*）作者

我建议每位职场中人都应该读读莉尔·朗兹的新书，因为它可以帮你避免事业的失败。这本书言之有据，既有实证研究的理论支撑，又非常真实；生动有趣，联系实际，读起来很轻松，还有很多实用的建议和技巧，每个人都能现学现用！

——格里高利·詹格兰德（Gregory Giangrande），

《纽约邮报》职业顾问专栏作家

这本书读完了，千万不要随手一丢。你会时不时需要它的帮助。面对职场上的各种沟通问题，这本书为我们提供了全方位的指南。想成为沟通达人吗？我强烈推荐大家读读这本书。

——瑞克·布林克曼（Rick Brinkman），《如何和难以相处的人打交道》（*Dealing with People You Can't Stand*）共同作者

这本书如同在困境中及时现身的向导，稳健老到；在这个令人眼花缭乱的电子时代，莉尔·朗兹为我们画出了一条通往事业成功的道路。《跟谁都能处得来》包含的有价值的洞见，远远超出了你从书中实际读到的内容——每一页都有能付诸实践的好点子。拿到书之后，运用其中的技巧，你一定会受益匪浅，成为更好的沟通者。

——杰弗里·图姆林（Geoffrey Tumlin），《停止说话，开始沟通》（*Stop Talking, Start Communicating*）作者

莉尔对于人类沟通的核心基础的审视，达到了前所未有的深度，也让读者大开眼界。书中的建议非常细致入微，效果也非常不错。对于那些想在事业上有所建树的人来说，这本书棒极了，一定要读一读。

——凯西·艾尔斯特（Kathi Elster），《与君同业，等于杀我》（*Working with You Is Killing Me*）共同作者

关于如何沟通，莉尔的新书给读者提供了很多宝贵的建议，帮助大家实现事业的辉煌，并保持住这个辉煌，又不会与人为敌——这些技巧你值得拥有！

——狄波拉·范恩（Debra Fine），《闲聊的艺术》（*The Fine Art of Small Talk*）作者

莉尔·朗兹再次做到了！她的上一本书《跟谁都能处得来》告诉读者，掌握了沟通的基本技巧，生活会因此而更美好。而这本《跟谁都能处得来》则探讨得更为深入——基本技巧辅以新的技能——能让我们在职场上大放光彩。这些新的技巧看似简单，其实并不简单。通过极具说服力的例子，莉尔让我们认识到这些技巧的价值和实践意义。大家应该把这本书一直放在身边，时不时翻翻，把作者推荐的技巧付诸实践。

——斯瑞库玛·拉奥（Srikumar Rao），

《快乐工作》（*Happiness at Work*）作者

无论跟你打交道的是上司、同事、团队成员还是整个公司的人，莉尔所教授的 72 个好方法，都能让你借助出色的沟通技能，得到自己想要的，同时还能赢得大家的尊重。

——克雷格·韦伯（Craig Weber），

《交谈能力》（*Conversational Capacity*）作者

莉尔做过很多演讲，听众从 10 个人到 1000 个人不等，她深知在今天的职场中演讲的重要性。如何克服演讲时的紧张？如何让演讲富于激情？她给读者提出了非常好的意见。

——杰瑞米·多诺万（Jeremey Donovan），

《TED 演讲的秘密》（*How to Deliver a TED Talk*）作者

想和上司、同事和客户关系融洽的话，不妨读读《跟谁都能处得来》。这本书非常成功，书中的建议很有见地。按照书中的建议去做，相信你也会成功的。

——唐·加博尔（Don Gabor），《如何与人交谈，结交朋友》

（*How to Start a Conversation and Make Friends*）作者

这本书是你最好的老师！莉尔的新书非常出彩，在它的指导下，即使在很多人看来不可能完成的任务——比如在工作中，既获得大家的喜爱，又赢得别人的尊重——你也能完成。

——奥利维娅·福克斯·卡巴恩（Olivia Fox Cabane），

《精英的人格魅力课》（*The Charisma Myth*）作者

莉尔·朗兹为我们描绘出了现实工作中多数人都要面对的场景：讨厌的上司，暗箭伤人的同事，杀气腾腾的职场厚黑学。要是现实没那么残酷就好了。无奈的是它们无处不在，不会轻易消失，找到更好的应对策略，才是正解。《跟谁都能处得来》就是告诉我们该如何应对这一切。这本书语言幽默风趣，清晰易懂，教给我们许多实用的技巧，帮助我们通过良好的沟通，得到应有的尊重。如果你想在事业上获得成功，有所建树，从工作中得到更多的幸福感，那么这本书正是你需要的。我强烈推荐这本书！

——劳拉·帕南（Laura Putnam），

《职场健康态》（*Workplace Wellness That Works*）作者

如果说今年只允许你读一本自助类图书的话，这本书是你最佳的选择。它内容丰富，生动有趣，是必备的入门读物。它能帮你走向事业的巅峰，并保持积极良好的态势。

——狄波拉·本顿（Debra Benton），

《如何做好 CEO》（*How to Act Like a CEO*）作者

这本书棒极了，作者认识到非言语交流对于成功的重要性。莉尔为读者提供的信息，具体翔实，能有效地帮助大家提高沟通能力。

——派蒂·伍德（Patti Wood），《瞬间》（*SNAP*）作者

莉尔·朗兹为读者精彩描述了工作中人际关系的种种问题，也为大家提供了解决的办法。我领导团队进行职业压力研究已经十五年了，我强烈推荐每一位客户都来读读这本书！

——约翰·奥尔登博士（John Arden，PhD），美国职业心理学委员会委员，《如何应对职业压力》（*Surviving Job Stress*）作者

这是一本必读书，书中的建议和提示都很不错。多数人会忽略到职场中"人"的作用——然而"人"才是成功最关键的要素。《跟谁都能处得来》这本书中，莉尔·朗兹给读者的建议从现实出发，教大家如何打破工作中沟通的壁垒，从而使工作变得更愉快，更有意义。

——诺埃尔·尼尔森博士（Dr. Noelle Nelson），《上司很差劲怎么办？》（*Got a Bad Boss？*）作者

《跟谁都能处得来》这本书就像是把金钥匙，可以打开通往个人成功和企业成功的大门。莉尔的建议独一无二，真是妙极了。

——托尼·亚力山德拉博士（Dr. Tony Alessandra），《白金法则》（*The Platinum Rule*）作者

莉尔·朗兹的《跟谁都能处得来》一书轻松有趣，有很多关于职场上有效沟通非常实用的建议。莉尔的写作风格温暖亲切，与极富有洞察力的建议相结合，给人以干劲和冲劲。读完之后，相信你一定会说，"我能做到！"

——保罗·怀特博士（Paul White，PhD）《充满活力的工作环境》（*The Vibrant Workplace*）共同作者

你的工作状态将会有所改善，很可能你的同事也会这样。莉尔为读者提供了一对一的教导，没有高深的术语，结合实际，简单易学。有了书中的建议，工作环境一定会变得更美好。

——内尔·亚瑟尔（Neil Usher），

《基本工作环境：如何创造出人人喜爱的工作环境》

（*The Elemental Workplace: How to Create a Fantastic Workplace for Everyone*）作者

《跟谁都能处得来》是一本指南，指导读者在工作和生活中获得双重成功。对他人的信心和关心，清晰有效的沟通，通过诚信建立信誉，与还在学习阶段的同事耐心地相处，是本书指导性原则的出发点。这本书把科学研究与实践很好地结合了起来，尤其是有关非语言交流和沟通中的视觉因素部分，有些举止会让人觉得你诚实可信，有责任心，写得非常精彩。

——彼得·J. 迪恩（Peter J. Dean）与莫利·D. 谢泼德（Molly D. Shepard），《如何避免职场霸凌》（*The Bully-Proof Workplace*）作者

目录 contents

第一部分 自 信

第二部分 关爱

第三部分 清晰明确

第四部分 信 誉

第五部分 共 生 如何应对冷酷无情的上司和讨厌的同事

第六部分 结 语

致谢

你萌生过写书的念头吗？或许每个人都想过。而我们这种疯狂到真的把想法付诸实践的人，知道那感觉是怎样的：就像突然有了一个新的伴侣，并且还怀上了对方的孩子，同时，你的屋子又一下子涌进来百十来号人，都是过去认识的。这位“新的伴侣”每天不停地批评你，总是嫌弃你写书还不够努力。肚子里的“宝宝”每天夜里拳打脚踢，一定会把你吵醒几次，于是你只好摸黑写点东西，只有这样才能再安心地睡着——虽然早上醒过来都认不清夜里写的是什么。屋子里的那群人正是书中出现的角色（我书中的人物都是以前认识的真实人物）。

但是，写书的收获大大超出我所付出的！书稿完成的时候，一阵狂喜会穿透你的身体，因为呕心沥血写出来的东西，终于可以和读者分享了。写书最大的回报，就是知道这本书会让很多人受益。

然而，一本书的问世，不仅仅是一个人的功劳。我要感谢我的客户，我讲座上的学生，他们棒极了，也要感谢生活中那几位牵着我的手，陪我经历产前阵痛的人。

感谢我的伴侣乔治奥·爱克尼欧（Giorgio Accornero），毫无怨言地承担了家里购物、做饭甚至打扫的活计，让我能够安心创作。

感谢克里斯·库姆斯（Chris Coomes），他是谷歌公司的高层主管，非常具有远见卓识，本书结尾部分的未来工作场所的设想，都是来自他的启发。提前剧透一下：将来你会有自己的虚拟助手，绝大部分无聊乏味的工作都可以由它来完成，增强现实技术能让人们的合作更容易，工作场所更随意，甚至在家办公，或者在任何自己喜欢的地方办公都可以。生活会很美好——只要你能正确解码！（解码将成为人类必备的第二语言。）

感谢我的朋友加里 · M. 柯雷布斯（Gary M.Krebs），是他敦促我写作这本书，并且毫无保留地把他在公司里所遇到的困难经历告诉了我——从一名职场新人到高级管理人员。加里现在经营着一家成功的企业——GMK 写作与编辑公司，把自己 30 年出版行业的从业经验传授给客户们。

好朋友菲尔 · 佩里（Phil Perry），我对你一直心存感激，在我之前的书中，你们或许读到过他，他总是很乐意承担编辑咨询的任务。

感谢丽莎 · 奎恩（Lisa Queen），她是位出色的代理人，从我怀孕的那一刻起，就陪伴着我，直到婴儿呱呱坠地。当然也要感谢麦格劳 - 希尔出版集团的编辑凯西 · 埃布罗（Casey Ebro），她的一个电话，让我去年一年的人生变得更好，是她邀请我创作这本书。丽莎经验丰富，在她合理的引导下，这本书才得以有最后的面貌，最大限度地惠及那些渴望成功，渴望从工作中获得满足感的读者们。

前言

沟通小技巧带来职场大成功

有些人就是能左右逢源。工作中，他们能赢得大家的爱戴；能和同事友好相处，能拉拢上司当靠山，还能把潜在客户变成真实买家。他们不仅享受特殊待遇，涨工资和晋升也总有他们。他们赢得了众人的尊重，很快就登上事业的高峰。他们难道有什么秘诀？很快你就会知道了。

或许到目前为止，你认为自己在职场上并不怎么走运。多数人的运气都不太好。上司要么总是批评你，要么是个控制狂，要么事无巨细都要过问，要么就真是个十足的混蛋，真是没办法。同事有爱嚼舌根的，有喜欢欺负人的，有暗箭伤人的，快要把人逼疯了。而要是你是老板的话，或许会遇到这样的下属——你被他们气到抓狂，恨不得拽掉自己的头发——或者他们的头发！又有谁没遇到过下面这样的客户——吹毛求疵的，自以为是万事通的，或者永远都觉得不爽的。

在职场上会遇到形形色色的人，但从小的时候开始就没有人会为此提前做好准备。通常我们有父母和亲人信任自己，表现好时他们会夸奖我们。老师也会鼓励我们，倾听我们的心声，真心希望我们能够成功。我们有值得信赖的朋友，大家待在一起的时候开心至极。当然，我们也会碰到爱欺负人的家伙和马屁精，可毕竟用不着一周连着五天，每天八小时地面对他们。有什么话想说就说，不用顾虑后果。因此，直到毕业的时候，我们还天真地以为职场上亦是如此。你甚至对将来的工作充满了期待，幻想着会有怎样的奇遇，设想着在未来的工作环境中，大家能互相帮助，愉快合作。

“砰”的一声！职场上的真实生态把你炸得目瞪口呆。面对各种各样的挑战，你束手无策；面对奇奇怪怪的人，你无言以对。虽说有人告诉过你工作是干什么的，但我打赌没人告诉过你职场最基本的真相：难相处的同事，拉帮结派，错综复杂的公司文化。想在单位里面找个“老江湖”打探消息，却又担心问太多问题反而显得自己愚蠢。新来的同事业务能力不行，有人在上司背后搞小动作，这些你都看在眼里，甚至连领导也游手好闲，还可能会冤枉你。但你什么也不敢说，万一被炒了鱿鱼就麻烦了。

工作中大家的相处方式与真实生活中的并不相同。你需要应对的不仅仅是一个独立的个体：还必须考虑到他（她）所处的位置，他喜欢谁不喜欢谁，他的上司是谁，他跟公司同事们的关系如何。而且，通过电子邮件、信息、聊天工具以及视频会议进行沟通时，你也得考虑周全。使用增强现实等新技术完成特定种类的工作时，也不例外。

嗯……工作环境被我描绘成了这么一幅惨淡的景象，你可千万别萌生出寻短见的念头。我从事咨询行业几十年，给成千上万的员工和管理人员做过讲座，有公共讲座，也有公司内部讲座，听过太多灾难性的故事。现实比小说还要离奇，这话不假，尤其适用于职场。无论从事的是什么行业，也不管是在哪个单位上班，你的工作既可能是别人梦寐以求的，也可能成为一场噩梦。一切都取决于你自己。

“关我什么事？”你或许会问。“为什么这么说？问题在于那些同事还有上司们。”没错，他们确实有问题。但只要拥有高超的沟通技能，你就能够让大家换种方式对待你，你也会更快乐，进步的机会也会越多，而且，这样的技能是可以在后天习得的。技能的习得并不是一蹴而就的事，但我有个计划可以分享给大家，明早走进办公室的时候，你就能用得上。按照书中所传授的 72 个方法（我称之为“小技巧”）去做，不仅上司会尊重你，同事更青睐你，下属也会更努力。最起码也会达到这样的效果：工作也会变得更愉悦，更有收获，更富有成效。

哪项技巧最重要?

你猜对了：在工作中，无论是通过网络沟通，还是面对面交流，清晰有效的沟通能力是大家所欠缺的，也是最重要的。我所说的并不是在日常生活中，能与人友好相处的、寻常的沟通技巧，而是指能帮助大家在职场上取得成功的特殊技巧。无论你供职或者管理的单位是家大公司，还是家中型公司、小企业、小工厂、零售店或者家族企业，这些技巧都很管用。

你一定听过上司一本正经地断言道（他们还以为自己是第一个发现新大陆的人），“这一定是沟通出了问题。”好吧，这还用说吗，人人都知道是沟通问题，可人人又都觉得是别人的问题，而不是自己的问题。“要是他们没那么做就好了。”“要是他们可以不这么想。”“如果他们不那么固执的话。”“……真是太蠢了。”“……怎么那么卑鄙。”“……真的太讨厌。”“……怎么怎么了。”

一旦沟通问题触及底线，管理就得介入了。头儿们厉声发出警告，提醒大家“更好沟通”的重要性；制定新的政策，是多开会，少开会，还是不开会。唉，他们最后发现，这些统统不管用！于是，头儿们说道，“不如请个顾问，或者派员工出去听讲座学习？”太贵了？“嗯，有线上讲座培训吗？”没错，员工参加线上培训，一个人孤零零坐在电脑前，学会怎么在现实中与人相处，听起来很靠谱，是不是？遗憾的是，这太离谱了。

有个关键点他们没注意到：想要和同事和上司进行深层次有效的沟通，你必须让他们感受到你对他们每一个个体的理解和尊重。鼓励与自己共事的人敞开心扉，他们才愿意认真听你说话，这一点至关重要。假如和每一个人相处时，你都能做到这一点，那么在职场上你就会是一名出色的沟通者，再具有挑战性的演讲，也难不倒你。

请注意，这本书并不是简简单单地告诉你，如何对付那些难相处的人。工作中自然会遇到些刺头，如何让喋喋不休的家伙闭嘴变乖，关于这方面的书太多了。而这本书的与众不同之处就在于，它能直击问题的源头，教会你特别的技巧。要是在日常工作以及与同事相处中用上其中的技巧，你就能把问题消灭在萌芽状态。如果你和有些同事已经略有龃龉，我会教会你如何扭转关系，化敌为友。厌恶工作的人有很多（据《福布斯》统计，百分比高达 70%），但跟着我，你一定会喜欢上自己的工作的。改变无法一蹴而就，只要能坚持，未来便可期待。

我讨厌自己的工作！

很遗憾，这么多年来我一直听到有人抱怨：“讨厌死我的工作了。”“我恨上司。”“我讨厌同事们。”“我恨死日程表了。”“我看到客户就烦。”“……来回上下班。”“……电脑。”“……办公室的复印机！”每次讲座开始，我都会问听众们（他们被上司逼着来听课）：

"有多少人来上课挺开心的？" 稀稀拉拉的几个人不情愿地举起手来，其实他们是怕我面子上太难堪。于是我又问："有多少人想到今天不用上班挺开心的？" 这下一屋子的人立刻都把手举了起来。全场哄堂大笑。我也笑了，但内心深处却感到极度的悲哀。

工作不应该是这样！工作应该给人带来成就感和价值感。我们为工作做了很多努力，金钱只是回报的一部分，我们付出了时间和心血，理应得到赞赏。一天当中，工作应该给我们带来深深的满足和许多开心的时刻。那么，这些员工究竟为什么不开心呢？大家的答案如出一辙。几乎所有人都会说问题出在了和他们共事的人身上，上司、直接下属、同事，还有客户。

他们有什么共通之处吗？对了，他们都是人——机缘巧合，你刚好与这些人共事。很多读者读过我的另一本书，《遇谁都能聊得开——92 个技巧让你的谈话充满魅力》。在那本书中，我给大家介绍的技巧主要适用于社交场合，结交朋友，但有太多的读者跟我反映说，这些技巧对他们职场中的关系也大有裨益。

令我倍感欣慰的是，《跟谁都能处得来》登上了畅销书排行榜，并且在 26 个国家的榜单上仍然排名靠前。我在书中所分享的基本技巧，适用于不同的文化，这真是太有意义了。无数读者写信告诉我，这些技巧改变了他们的人生。如果你恰巧也是他们中的一员，我想告诉你，收到读者的反馈是我人生中最幸福的事情之一。你们的经历和千千万万学员的经历给我以灵感，促成我创作了现在这本书。

我的出版商麦格劳－希尔出版集团给我打来电话，问我可否写一本《遇谁都能聊得开》的续篇，专门针对商务场合。接到电话的那一刻，我真是太激动了。大家可能听说过人濒死时，一生的片段会在大脑中一闪而过。当时我拿着电话，二十多年来针对工作中沟通问题的咨询和讲座的片段瞬间就在我的大脑中浮现。一个念头出现了，《跟谁都能处得来》这本书我必须写。

首先，我回顾了自己初入职场打拼的经历，以及许多客户和学员所讲述的职场中遇到的挑战。我把读者们的几百封电子邮件又重新读了一遍，里面详细列举了工作中遇到的问题。写书的过程中，我还专门向各个行业的专家请教，他们讲述了自己的惨痛经历以及所使用的沟通技巧。在书中你会认识他们，读到他们成功或者失败的经历，以及他们究竟怎么做才最终获得了圆满的结果。按照惯例，书中所用的人名和机构名均为化名，但人物，他们所遇到的问题以及所从事的行业都是真实的。

这本书并不能帮助你把那些烦人的家伙变成天使。讨厌的上司也不会幡然悔悟到自己待人接物有什么不妥之处，从而变得彬彬有礼。天生就爱两面三刀的人不会放弃暗箭伤人，洋洋得意的马屁精们仍然会明目张胆地四处献媚。满嘴谎言的人不会顿悟到诚实是一种美德，整天抱怨的人也不会变得乐观豁达。自以为是的万事通们仍然自命不凡，夸夸其谈的人也不会变得谦逊朴实，卑鄙的同事们继续做小人。江山易改，本性难移，我们无法改变其他人的个性，但我敢打包票，只要你能良好地运用书中的技巧，讨厌的同事们就不会把卑劣的伎俩用到你身上。事实上，他们想都没想过要这么对你，因为书中的第一个技巧，就能帮助赢得他们对你的尊重和好感，无论你们在一起共事了多久。同事之间的不睦会继续发展下去，但有了书中技巧的帮助，你只需很短的时间，就能改善你们的关系。

再也不用工作，你就会幸福吗？

多数人会不假思索地喊道，“是的！”可是大家都要谋生，要挣钱养家糊口，要有个住所，偶尔也想奢侈一下，这些琐事决定了我们别无选择。公元前六世纪的中国大哲学家孔子对这个棘手的问题是这么回答的，“知之者不如好之者，好之者不如乐之者。”

孔子说得太对了！等等，还是让我先仔细思考一下“之”这个字的抽象含义和形而上学意义吧。但我确实知道，如果能转换心态，把工作当作自己的热爱，这就是往正确的方向迈进了一大步。而且这是完全可能的，因为多数情况下，工作是种享受还是折磨，是由共事的人所决定的。

还有一个原因让我在创作这本书的时候激动不已，那就是自从《遇谁都能聊的开》面世之后，世界又发生了许多变化。现代人交流的方式是前人闻所未闻的。今天，在有些行业，用电话沟通或者到办公室进行面对面的沟通甚至已经显得太过时了。这是电子的时代！人类的交流模式——通过电子邮件、信息、社交媒体、聊天软件、视频会议、增强现实技术等表达自己的想法——还在不断演进。

创作这本书的个人原因

你们听了可别笑，但我真的对办公室太着迷了！听起来是有点奇怪，但我可是认真的。我对办公室的迷恋从六岁的时候就开始了。父亲从事的是广告业，因为父母都要上班，所以下雪天学校停课的时候，他会把我带到办公室去。文案和行政人员穿着黑色套装，雪白的衬衣一尘不染，再系上细细的领带，看起来真是太酷了，那样子我永远也忘不掉。秘书们穿着紧身包臀裙，为男领导做速记，把我看得目瞪口呆。

听起来像不像大热剧《广告狂人》的场景？没错，跟剧里刻画的一模一样。在无知蒙昧的儿童时代，我真是太爱这种场景了。我才不管有没有可耻的性别歧视和大男子主义，那会我还太小，无法理解那么多。幸运的是，德·雷柏的时代（《广告狂人》里的男主人公——译者注）已经成为过去，我们才会对那个年代的性别歧视和大男子主义嗤之以鼻。

小时候，我家附近的小孩们一起跑出去玩，女孩们细声细气地叫道:“我们玩过家家吧！”她们往四周看一圈，然后问道:“谁想当妈妈？”“谁想当爸爸？”因为我有点男孩子气，他们经常我让我扮爸爸。实际上，无论是爸爸、妈妈还是宝宝，我都不想当。我一点儿不喜欢玩过家家。我想玩“上班”游戏。

当时我最喜欢的玩具是一个红色的旋转拨号盘式电话机，铃声特别响，都能把耳朵给震聋了。在我听来，那是无比美妙的音乐。我喜欢坐在“办公桌”旁，所谓的“办公桌”，其实就是把废旧的柜子门架在两把椅子上。每次诓到小朋友一起玩这个游戏，我就赶紧问（生怕他们改变主意）:“谁来当老板，谁来当秘书啊？”无论演什么角色我都挺开心的，只要能在“办公室”就好。

但我小时候所设想的办公室里，既没有盛气凌人的上司和令人恼火的同事，也没有让人灰心丧气的下属。我想象出来的职场，没有明争暗斗，升职降职，没有见不得人的潜规则，没有等级森严的权力链条，没有病态的公司文化，也不用担心被炒鱿鱼。当然，也不存在沟通问题。那只是个游戏，没什么利害攸关的东西。但你们的工作不是儿戏。它是真实的生活，关系重大的东西可就太多了。

你的想法?

你对于工作有着怎样的期待？你渴望职业道路上的成功吗，希冀能爬到权力链条的顶端？想看到山顶的风景吗？乐意做交响乐团的指挥吗，如同一位出色的音乐大师，带领自己的团队创造出优秀的产品，或者提供优异的服务？

如果你的答案是肯定的，我希望你能明白，顶端的位置虽然人人艳羡，但并不如传说中的那般风光。高处的空气是如此稀薄，以至于让人喘不过气来。踩在高高的钢丝绳上，下面的防护网却聊胜于无，一步走错，你就会从高空坠落到地面。公司越大，爬得越高——你就会摔得更惨。工作中只要出一点差错，或者个人稍有不慎，就能让一个高层领导垂直降落，摔得粉身碎骨。

如果你的目标并不是那个高高在上的位置，你觉得工作开心，事业能带来成就感，完成好一项任务能带来满足感就足矣，那你真是个幸运儿。但即使这样的目标，也得懂得如何运筹帷幄才能实现。摔倒了怎么爬起来，怎么避开居心险恶的人下的套子，对公司、家人、朋友，当然也对自己有价值的事情该怎样去做，这些都得学会。开心的是，按照书中所说的五个关键维度努力，稳步向前，你就能实现自己的目标。

自信

自己对自己都没有信心的话，又凭什么指望别人对你有信心呢？在这一部分，你将学会如何温和有度地展示自信，无论是初次见面，还是工作中的长久相处，别人都会觉得你信心满满。

关爱

“只有当你真正关心别人时，别人才会关心你在说什么。”这句话称得上是职场上的绝对真理。遗憾的是，很多人并没有这么做。在这一部分，你将学会发自内心地关心他人，关心企业的发展，然后才能影响说服别人。

清晰明确

可千万不能把工作中的沟通问题看作儿戏，那样你会付出惨重代价的！跟同事解释事情的时候，你有没有过想大喊大叫的经历？“你自以为明白了我的意思，这我知道，但你理解的并不是我真正想表达的。”这样的困境屡见不鲜，但很少有人能找到解决之道。无论你是说话还是听话的那个人，这本书都能帮到你。

信誉

说话的人稳重可靠又有信誉，说出来的话才有分量。要是大家不相信你的为人，那么你的言语也会显得轻飘无力。这一部分主要告诉大家如何赢得同事们的信赖和尊重。

共生：如何应对冷酷无情的上司和讨厌的同事

要是没有那些讨厌的人，工作就能开心了！话是这么说，但在可预见的将来，有血有肉的人类并不会消失。这一部分重点介绍了几大类烦人的同事以及应对的方式，明白这些就再也不会有人精神崩溃或者在职业道路上一败涂地了。

当今的世界是网络主导的世界，想要在网络主导的世界展现出这五个成功的关键要素更具有挑战性。别犹豫，让我们出发吧！

第一部分 自信

Part One

▼

想象一个肉眼看不见的泡泡包住了你。
那些缺乏自信的员工通常蹲在泡泡的中央，
尽量缩小自己的身体，好像不愿意被人看见。
但是那些自信满满的员工会尽量伸展身躯，
试图把泡泡全部填满。这就叫胸怀大志者有“大动作”。

01

自信（还是不自信）就像白纸上的黑字，明摆着

为什么由内而外散发出的自信如此重要？这么问吧，谁是认识你最久的人？从出生到现在，每时每刻始终陪伴你的人是谁？又有谁可以观察到你生活中的一言一行？没错，答案是你自己。也只有了解自己，言行举止才能彰显出自信。

哪怕内心深处很缺乏安全感（其实很多人如此），你也不愿意在工作场合展现出这一面。你必须表现得胸有成竹，好像没有什么任务是你搞不定的。不幸的是，当内心胆怯不安时，我们的体内会发生各种各样的变化，而这些变化其实是很难隐藏的。同事们一看到你，就会感到你的焦虑，就如同猎狗嗅出恐惧一样。只不过两条腿直立行走的动物在侦查工作中所仰仗的探测器是眼睛，而不是鼻子。

揣摩对方是否自信，这是人类在几千年前就进化出的一种本能。想象一下，两个拿着棍棒的穴居人，萨格和阿图克，在荒野中跌跌撞撞地行走，然后遇上了。这一刻，气氛突然凝重，步伐戛然而止，他们目光锁定对方。现在到了瞬间决断的时候了。对方是友是敌？要是打斗起来，谁会胜券在握？一番打量过后，他们在心里思考着这些问题……

“大块头萨格看起来挺强壮，他能用棒槌打倒我吗？”

“小不点阿图克的确狡猾，会不会比我还聪明？”

电光火石之间，对于“该逃跑还是该战斗”这个问题，两个人心里已经有了答案。

镜头闪回到今天。卡拉和康纳竞争同一个工作岗位，在休息室等待面试的这段时间里，他们互相打量着，只不过这次不是看肌肉，而是凭直觉去判断对方的气场。

“对于这份工作，他是不是一副胸有成竹的样子？”

“她是不是觉得这份工作已然是自己的囊中之物？”

卡拉和康纳在打扑克牌，职业选手的扑克牌——谁能抽到王牌，稳操胜券，而谁又只能和对方打个平手呢？

被录用之后，这种由内而外散发出的自信同样重要——尤其是在开工的头几天，同事们会密切关注你的一举一动。无论是握手还是打招呼的时候，穴居人的本能又开始占据主导地位了。在这个公司，想要获得职业上的成功应该具备哪些优良的素质，他们会围绕着这些因素展开对你的评估。

“他看起来能否胜任自己的工作？”

“对于一个团队来说，她是不是优质资产？”

“他能很好地洞察客户的心理吗？”

“与她共事是不是还挺有意思的？”

“他会不会抢走我的饭碗？”

“她会支持我的项目吗？”

他们都知道……

- 没精打采、低眉顺眼的样子反映出安全感的匮乏。
- 眼神躲闪可能是怯懦的表现。
- 脑袋耷拉着可能是尴尬的表现。
- 双臂交叉，置于胸前，说明对方内心设防。
- 短促、浅弱的呼吸是自我怀疑的信号。

下面的情况就比较麻烦了。一旦察觉到你的不自信，他们就会对你的缺点高度警惕。人们容易受到一种心理现象的支配，科学家们称之为“证实偏见”，就是说我们会忽略很多客观信息，而只关注能够证实自己最初判断的信息。同事们对你的判断几乎是瞬间形成的，他们心里有个陪审团，会迅速地进一步确定这个第一印象是对还是错。发现自己判断失误，这种感觉可没人喜欢！

你觉得这个陪审团有多少人组成呢？美国的法律体系中，陪审团的人数通常是 12 个，但是这个陪审团却只有一名成员。更糟的是，这个唯一的陪审员同时还是最终裁定判决的法官。并且，他（她）还担任私家侦探，积极地寻找证据线索，用来支撑他（她）对你的最初判断。不幸的是，要不了多久，同事们就会想当然地认为自己对你的了解非常全面。

一般员工第一次见到你，会把你当作一个新同事（也就是“竞争对手”）来看待，担心你哪天会抢走他们的饭碗，因此，他们心理上较为抗拒，不愿意去发现你的强项和优点；而在你身上找到缺点和不足会让他们更有安全感。很多人有足够的能力可以做到最高层，但却没有掌握展现自信的技巧，多可惜啊。

那么你呢？明知道自己的洞察力、智力、才华和能力都比别人强，或许你缺的是一种技能，如何将自己的优点展现出来的技能。这或许是因为，从来没有人传授过你如何展示自信的具体技巧，这正是我们要在下文讲到的。你可能是刚刚步入职场的新手菜鸟，也可能是久经沙场、工作了十年或者更久的老炮。无论你的工龄是多长，明天走进办公室的时候，下面的这些小技巧都值得你尝试一下。

02

第一步先声夺人

你一定听过这么一句话，“我们永远不会有第二次机会给别人留下好的第一印象”，是吗？不仅听过，而且耳朵都快被这句话磨出老茧了。初次见面，人们会拍摄心理快照，这个快照将会永远烙印在大脑的记忆库里，并且从那一刻起，它会一直左右人们对你的看法。相比人类历史的其他阶段，在当今社会，第一印象显得更为重要；这是因为我们在一个数字化的世界里共事，在真实情境中碰面的机会比以前少得多。

下面我要说的这个小秘密，知道的人可不多：每天早晨你步入办公室的时候，同事们在短暂的一瞥中对你形成的印象，实际上影响很大，并将在整个工作日持续产生涟漪效应。一眼扫过去，如果老板和同事觉得你看起来精神抖擞，那么下面一整天的工作中，他们记得的就是你早上神采焕发的模样，并且会为双方的互动增添很多活力。

但是很多员工完全没有意识到那一刻的重要性：他们慢慢悠悠地晃进办公室，脑袋里想着，“唉，又得来上班了。做一天和尚，撞一天钟。”但请想象一下，某天早晨某个同事来上班，他跟平时不太一样，比如换了新发型，你一定会立刻发现。第二次看见她时，你仍然会注意到她的新发型。然而，第三次遇见的时候，你就会觉得新发型就是她的日常形象，等再过一天，你或许就习以为常了。

下面我们来谈谈走进办公室应该什么样。跟多数人一样，或许你脑袋里正思考着收到的电子邮件，或者在心烦意乱地琢磨着老板昨天跟你说过的话；也可能你在考虑怎么在马上要进行的视频会议上应对一个难缠的客户，或者干脆脑袋里什么也没想；或许你还在纠结昨天晚上跟爱人吵的那一架，也可能在为今早孩子上学时狠狠摔门离去而烦恼。这些令人沮丧的事情会扰乱你的思绪，以至于你完全没有意识到它对你的形象造成了怎样的影响。

你以为别人看不透你吗？并不然，从某种意义上说，他们可以。你的表情，你的姿态，走路的样子，以及第一次见面时你所说的话，透露出一切的信息。从看见你的那一刻起，潜意识中，人们就在捕捉你的情绪，并且每天所形成的第一印象会沉淀下来。科学家们做过一项叫作“第一印象：看脸 100 毫秒的瞬间决断”的研究，研究中受试者在看了各种各样的面孔之后，瞬间的判断结果被记录下来。科学家们发现，即使延长试看的时间，和短时间相比，其所形成的判断也不会有显著的差异。瞬间形成的印象才是最重要的。

假设你今天遇上堵车，上班迟了一点，你有点身心俱疲。你飞快跑进公司大楼，胳膊底下夹着一叠文件，像个杂技演员一样，手里还举着一杯咖啡。你手忙脚乱地在口袋或包里翻着要刷的门禁卡。甭管用了什么办法，反正门总算打开了，而且咖啡一滴也没洒出来，文件也好好的，你赶紧穿门而过。

等一下！停！把视频往回倒几秒钟。现在深呼吸，肩膀挺直，咖啡杯端正了，把胳膊里夹的文件还有其他物品都整理妥当，确保一切井井有条。脸上要露出令人愉悦的职业笑容，不慌不忙，从容不迫。把一切有关同事的负面内容全部从脑袋里驱逐出去。把同事们之前对你的怠慢、轻视和粗鲁置之脑后，这的确不容易。但是如果你仍旧为坎迪斯在会议上打断你，或者柯特把你的功劳占为己有这样的事而恼火的话，糟糕的情绪就一定会表现出来。同事们只会看到一个烦躁不安、压力山大的你。你应该把每天迈向工作的第一步变成一次华丽的登场，就仿佛走奥斯卡的红毯一样。是时候展现自己了！

小技巧 1

每天都要华丽登场

即使这意味着你得早起几分钟，梳洗打扮好再出门。不要开车时对着后视镜涂口红，也不要在大厅里疾步穿行时梳头发。马上要迟到了，材料也要从包里掉出来了，这时候你应该趁着还没走进办公室，立刻停下脚步。深呼吸，大脑里想象一首你喜欢的歌曲、可爱的宠物，或者沙滩上的美妙时光。怎么想都行，就是不要想工作上的一地鸡毛。现在，请你露出迷人的笑容，迈着优雅的步伐，走进办公室，精神饱满地向大家道声“早安”！

本书的书名是《跟谁都能处得来》，可是开篇却给大家介绍了一个跟对话无关的技巧，或许你会觉得奇怪。我为什么要这么做？这是因为，你的老板和同事看到的比听到的更具有影响力。很多人认为，人类交流的首要方式是对话，殊不知事实并非如此。加州大学洛杉矶分校的荣誉教授阿尔伯特·麦拉宾的研究结果被大家广为认可：人类的交流中言语的影响只占了 7% 的比例，声音占了 38%，而剩下来55%的影响则是来自个体在进行交流时的姿态、动作和表情。很多公司砸了数十亿美元在技术的研发上，试图让机器人和全息影像也能像人类一样表现。他们会成功吗？现在下结论还为时太早。但就目前而言，让你的身体多为自己说话是不需要任何成本的。

当然，最开始张口说的话同样重要。神经科学研究表明，听见别人说自己的名字，这是件意义非凡的事情。科学家们利用功能性磁共振成像（fMRI）技术发现，听到自己名字能够激活大脑的快感中枢神经。这不难理解，一个婴儿最先能听懂的词汇中就包括自己的名字。从出生伊始到现在，你的同事无数次地听到朋友或亲人呼唤自己的名字。明天早上你也试着说出同事的名字，他一定会很高兴的。记住，一次点名问候几位同事就好，不要太夸张，否则会显得是在谄媚别人。

下面，我们来讲讲怎样在一整天的工作时间中增强自信心，保持形象，增添自身的魅力。

03

怎样一整天都充满活力

怎样做一个看起来“心中自有方向的职业女性”或者“头脑中目标清晰的职场男士”，是这一部分将要教给你的内容。先来听我说说，这个小技巧是哪里来的灵感，又是如何产生的。有个我提供服务的客户公司，从事商业收购和兼并咨询，他们跟我预约了一个有关领导形象的讲座。当时我对收购兼并咨询公司知之甚少，所以在做讲座之前，我想对他们复杂的业务有进一步的了解。客户公司的负责人员给我安排了一次和该公司董事长彼得·德鲁斯的会面。我敢打包票，那天会面时我提的第一个问题，就毫无保留地暴露了我对这个行业的无知，他肯定也看了出来。不过现在回头想想，很庆幸我当时问了这个问题，他的答案我至今记忆犹新。对我而言，那是个超级大礼包，也正是我现在想跟大家分享的技巧。

我的那个问题非常幼稚，是这样的:“德鲁斯先生，贵公司是如何判断出对于你们的客户而言，一个企业是否具有收购的价值呢？”

“嗯，莉尔，这是个漫长的过程，”他答道，“不过，我的工作方法是一成不变的。首先，我会和企业的高层进行会面，这样我可以“偷窥”到他们的办公环境。“偷窥”是指甩掉高层的陪同，我自个儿在这家企业里四处溜达。然后，我会观察该企业雇员的工作状态，坐在电脑前是什么样的姿势，打电话时是怎么跟对方沟通的，还有处理普通工作任务时的方式。我只是认真观察。”

“观察什么？”我问道。

“一切！比如员工互相之间有没有眼神的交流？说话时是充满干劲还只是正常的音量？他们有没有四处张望，压低声音说话，好像生怕人听到似的？同事之间有没有敌意？他们的肢体语言是表现出活力和热情，还是无精打采？”

“莉尔，有个发现我觉得特别有意思。我会很仔细地观察，判断他们的能量水平，和走路的时候有没有步履矫健，疾步如飞，尤其是经过过道或者从一个部门到另外一个部门时。我想看看他们身上具不具备一种东西，我把它称为‘目的感’。”

彼得看出了我的一脸疑惑，于是接着说道，“我发现如果员工效率很高或者专注于工作任务的话，他们不会是一副优哉游哉的样子。相反，离开办公桌或工作台的时候，他们清楚地知道自己应该做什么。他们不会磨磨蹭蹭，心不在焉，或者查看手机上的私人信息；走过过道的时候，他们的确会跟同事打声招呼，甚至停下来交谈几句；但是一旦脚步继续，他们会矫健有力，有清晰的方向感，这能传达给我很多信息。他们有没有把注意力集中在手头的任务上，是否想抓紧时间完成？还是感到厌倦，忧心忡忡？”

彼得说这一席话的时候，我的思绪开始发散，想到有一天我在家写书的场景。我意识到他是对的。如果创作状态是沉浸式的，那么即使我口渴了，也是起身跑到厨房，慌慌张张倒杯水，再飞快地跑回电脑前。太投入的时候，我甚至连上厕所都一拖再拖。

不过，每个作家都有灵感中断的时候，一旦找不到灵感，我就会变得懒散，去卫生间也是晃晃悠悠。看看手机电充了多少，起身对着镜子，花个几分钟梳梳头发，打扮打扮，虽然压根没人看；然后去趟厨房，看看冰箱里还有多少存货；接着拐到卧室，找找钱包是不是落那儿了；再推开阳台门观察一下天气如何，最后才慢慢悠悠地溜达回电脑旁边。

彼得对于节奏的洞察令我如此着迷，以至于在那之后的几个月，在给其他各类公司做咨询时，我都会观察其员工步伐的速度以及他们所散发出的能量。我注意到，比较成功的企业，高级管理人员走起路来，无论男女，目的感更强，节奏也更快。

有一家我长期提供服务的企业，他们的管理层曾告诉过我，什么样的员工会得到提拔。从彼得·德鲁斯那儿学到了如何判断企业价值的方法之后，我的观察也证实了这一点。我发现，那些普遍得到好评的员工，走起路来的确比其他人更有精神。从一个场所到另一个场所，他们脑袋里好像有清晰的目的地，并且看起来似乎是在思索，到了目的地之后应该完成哪些任务；而其他的员工更懒散一些，貌似不知道自己该去哪儿似的。有些人看起来就是在找借口逃避工作！

毫无疑问，这里有个问题，是否有些员工得到了晋升，只是因为他们走路时看起来比较坚决果断？还是说他们真的非常投入，为了完成任务，一路小跑？答案并不确定。然而事实就是如此，那些走路更迅速的员工确实是管理层选出来准备提拔的人。也就是说，如果你的步伐精神抖擞，大脑里有清晰的目标，那么每个人都会觉得你工作更认真。

在脑海里想象你工作时走动的场景。发现没有，哪怕是走向复印机的速度也能传达出你对工作的热爱程度？如果你是以龟速拖沓着走到材料间或洗手间，旁观者或许会误以为你是无所事事，或者得出结论，觉得你虽然在这里领工资，却对自己的工作毫无热情，这显然对你是不利于的。

小技巧 2

“目标清晰”的步伐

不急不慢的节奏会让老板对你形成错误的看法，永远不要让这样的事情发生。在工作场合，无论去哪儿，都应该精神抖擞，大步流星，表现出有任务亟待完成的样子；脑袋里要有明确的目的地，专注于下一步的工作；看起来要有清晰的方向感，坚定果断，充满活力！

04

胸怀大志者有“大动作”

当有人对你说“要胸怀大志”，实际上他们想表达的是一些鼓舞人心的理念，比方说“设想你取得了不可思议的成就”，或者“永远不要给自己的思路设限”。这样的建议很正确，对所有人都适用，但对公司老板或者CEO来说尤其重要，因为这可能是关系到企业生死存亡的大事。领导者一旦做了错误的决定，那么这家企业就会像冰川崩塌一样坠入大海。无论处于哪个层次，胸怀大志都至关重要。不过，我现在要讲的另一种“大”，是针对身体动作而言的——身体动作幅度的“大”，是目光远大和完全自信的体现。

若干年前，加利福尼亚一家广告公司的一位创意人员丽维亚给我发了封电子邮件，希望能够得到沟通技巧方面的指导。可是丽维亚住得离我实在是太远了，我没法教她。没有面对面的相处，指导是达不到多少成效的——长久以来，我一直跟我的潜在客户这么说。然而，丽维亚的请求是如此真挚，言语如此细腻，我决定尽我所能帮助她，于是我让她打电话给我。

电话接通了，她的声音令我无比惊喜。跟其他寻求指导的人不同，她的声音充满了活力。她听起来就像个精于此道的老手，清楚地知道自己该怎么做！这让我很困惑。既然沟通技能已经如此精湛了，她为什么还要寻求帮助呢？她听起来风趣活泼，机智圆滑，又富有洞察力，她似乎拥有一切成功者该有的品质。可她是这么告诉我的：“广告公司创意部门的总监提拔了一位比我工作年限要短的创意编辑，但我真的觉得他的创意不怎么样。”

我不禁感到好奇，问丽维亚有没有来过纽约，告诉她我想跟她一起共进午餐，不收任何费用。恰好下个月丽维亚要出差到纽约，于是我们提前约好了时间地点。那天，我早早地到了饭店，坐在里面等候。第一眼看到丽维亚，我就被她职业化的着装惊艳到了，她真人比在网上看到的照片还要有魅力。我热情地跟她握了握手，表示欢迎，但是她的手有气无力，这多少让我有点失望。她脱掉外套，小心翼翼地把衣服递给保管衣帽的侍者，一副非常不好意思的样子。跟随我在桌边坐下来之后，她的动作看起来非常僵硬，双手交叉，一丝不苟地放在腿上；伸手拿餐巾纸的时候，肘关节贴近身体，很不舒展。她好像在尽力让自己的身躯变小。

她的声音依然富于热情和活力，跟电话里的并无差别，但说话的时候，她会低头看着桌布，仿佛在审视什么。有时候丽维亚会把一只手放在桌上，手心向下（手心摊开通常意味着温暖和坦诚）；她的姿态的确比较独特，只不过是因为古板而与众不同（身体动作的僵硬反映出思维的刻板）；她的身体既没有前倾，也没有往后（说话时身体前倾表示对交谈的内容有兴趣和热情，而往后则完全相反）。有那么一两次，丽维亚把胳膊交叉，抱在胸前，好像感觉有点冷，但是饭店的暖气其实开得很足（双臂交叉会让人觉得具有防范性，甚至有挑衅的意思）；交谈时，她时不时会碰一下自己的胳膊（这是一个寻求自我安慰的动作，跟紧张时抚摸自己的效果如出一辙）；还有一次我说话的时候，她不由自主地摸了摸耳朵（这个动作说明不想听到对方的谈话内容）。

我有点明白为什么丽维亚在职场中没有得到她该有的尊重。在工作岗位上，无论你有多能干，但是只要表现出犹疑不决或者缺乏自信，那么上级就不会把职权交给你。遗憾的是，丽维亚那些犹犹豫豫的小动作，让她看起来不是块当领导的料。高层管理人员没有提拔她，完全是合情合理的，因为我也想象不出她有能力充满热情地带领好一个团队。

成功的人，尤其是极具执行力的一流领导者，他们肢体移动的幅度都比较大，而且动作很舒展；穿过大厅双扇门时，他们是从正中间径直通过，而不是靠一侧行走；拿东西时，他们也毫不拖泥带水，跟那些缺乏自信的人相比，动作幅度也更大。换言之，他们最大限度地运用了个人空间。

什么是个人空间？你肯定见过小朋友玩吹泡泡吧？现在，想象一个肉眼看不见的泡泡包住了你。那些缺乏自信的员工通常蹲在泡泡的中央，尽量缩小自己的身体，好像不愿意被人看见。但是那些自信满满的员工会尽量伸展身躯，试图把泡泡全部填满。无论是坐着还是站着，他们都会找到有利的位置，占据整个“属于自己”的泡泡。

所有的灵长类动物都有这样的本能。大猩猩为了证实自己是丛林之王，身体笔直地站立，显得更高大。他耸着平坦的肩膀，挺起宽阔的胸膛，两腿分开，有力地支撑着身躯，仿佛是在说“快看我！多强壮，多结实，多健硕！”他甚至会用拳头捶打自己的胸部，发出令人血脉偾张的咆哮。还好，人类的行为没有那么浮夸（至少多数人不是这样）。但是，一个内心强大、自信，对自己能力有把握的人，他（她）的身体一定会表现出明显的差异。

那么，我们应该怎样训练自己，把大幅度动作变成自己的第二习性呢？跟所有的身体习惯一样，这需要有意识的注意和不断的练习。下面的技巧看起来有点牵强附会，但真的很管用。

小技巧 3

让泡泡更大一点

每天早晨起床时，挺直腰背，两手放在头部正上方，十指扣紧，分别往左侧和右侧拉伸身体。接着舒展双臂，尽量往外伸，双臂围成环形，在空中画圈。晃动臀部，伸伸腿，朝着空气做踢腿动作。虽然看不见泡泡，但是要尽量去感受它的存在，知道它是你的专属泡泡。占据更多的个人空间会让你的心态更自信，从而可以从容地应对一天工作中的各项挑战。

不过，每天早晨一次练习并不够。你也可以在工作时间找一个没人的地方，比如空会议室或者走道、材料间或者办公大楼后面进行练习。我强烈建议大家在召开重要会议，或者会见新客户等压力比较大的场合之前进行练习。每次演讲之前我都会这么做，哪怕没有合适的场地，只能在厕所的小隔间里面练习。这是成功的预热！

判断同事是否自信

我见过并且共事过的人数以千计，因此我一眼就能看出谁是自信的人。好像身上装了天线，我能自动探测并接受这样的信息。或许你之前并没有仔细想过这个问题，但是，准确地判断同事和上司的自信心水平的确会给你带来巨大的影响。你的敏锐程度能够让你在后续的双方互动中采取最优策略。举个例子来说，对待格局小却自负的人，与对待格局大并且谦虚的人肯定有不同的方法。再比如，精准地判断老板的自信心水平能帮助你更好地处理与他（她）的关系。实际上，了解每个人的自信心水平也是一种有效的沟通技巧。当你在观察同事的动作行为时，或许能察觉到对方的不自信，这为你提供了很多有价值的信息！

05

头衔不能代表你的工作

下面要问的问题，你可能已经听过几百遍了：“你做什么工作？”现在先不要着急回答，打住！你可不能用一个简单的职位名称就把我打发了。实际上你做的事情非常多，远远超过了公司给你印在名片上的那个头衔所涵盖的职责。

人们总是觉得社交是工作之外的事情，甚至认为建立新的人际关系或者与业内专业人士会面，也不属于工作的范畴。我很少听到员工会在公司里提及人际关系的问题，尽管这对于成功是至关重要的。无论在公司的假日派对上和素未谋面的人聊天，给另外一个部门的同僚送文件，在电梯里和不认识的同事攀谈几句，对方一定会问一个问题，“你在公司里具体做什么工作？”

这个问题，在给不同职业的人提供咨询服务时，我问过很多遍。有一次，我看见一名员工孤零零地在餐厅吃午饭，我问她我可不可以跟她一起用餐。“当然可以，”她优雅地回答，“请坐。”接着我问她在公司里做什么工作。这位年轻的女士微笑着回答道，“我只是个前台接待。”

我恨不得训斥她两句。为什么要贬低自己的个人价值，说自己

“只是”个前台接待？她真的觉得自己的工作无足轻重吗？她是不是不知道，每一个踏进公司大楼的人，第一眼看到的就是她？从某种意义上来说，她是公司的门面。她对我非常友善，而公司雇佣她或许正是因为她的友善。友善是一种不同寻常的特质，而这个可怜的女孩居然把这么重要的位置看得无关紧要。“不，你不仅仅是个前台接待，”我微笑着，用略带着责备的口气说道。“你是名前台接待人员。”她不自在地笑了，然后停下来，看着我，好像觉得我有点古怪。

“我只是……”这种说话方式会让人觉得你妄自菲薄，仿佛不情愿做这份工作似的。如果这位女士能够热情地给我描述她的工作，并且详细说明她的工作职责，一定会给我留下更好的印象。

人际关系网也是一项重要工作

积极热情地向别人介绍自己的工作，会让公司里的同事们对你的印象更深刻，一旦机会出现，他们也会先想到你。描述工作时，要想象自己是名顶尖的专业人士在做“电梯演讲”，对自己的职责进行简明扼要的介绍，就像打“商业广告”一样。这样，单位里的人都会对你有所耳闻。

同事问起工作时，不要简单地告诉别人你的头衔。你的工作职责一定对公司有所贡献，否则你早就下岗了。跟别人讲讲你的具体职责。“办公室主管”“销售副经理”“差旅协调员”，光说这些别人可记不得你，要具体。你可以根据对方对你所在部门的熟悉程度，描述一下你的工作情况。

举个例子，不要光说一个具体的职位，“办公室主管”，得具体点，“我要联络部门的员工和供货商，处理购买的相关事宜，参加高级管理层面的会议”——并且，要表现出你对工作非常有激情！“我是销售副经理”，这么说也不行，应该描述得详细一点，“我帮助制定销售计划，设定配额，还要分析销售部门的数据。”你也不能只说“我是差旅协调员”，试试“我负责公司所有员工出差的票务预订和住宿安排”，这么说更好。向别人介绍工作时，一定要表现得兴致勃勃，干劲十足的样子，恰到好处地显现出自己的工作热情，这对于职场成功来说，是至关重要的。

小技巧 4

电梯演讲

从今天开始，你的待办事项表里又多了一项，那就是“结识其他部门的同事”。如果有不认识的同事问起你的工作职责，简明扼要地介绍一下，语气要热情。提及自己的工作头衔当然没问题，但是请记住这只是回答的一部分，放到最后讲最好。这样，当公司里的其他部门想挖墙脚的时候，你的名字或许会出现在他们脑海里的名单上。

06

工作时你是啥表情？

下面要讲到的技巧，知道的人并不多，但无论是对在公司摸爬滚打了 20 年的老员工，还是昨天才入职的菜鸟选手，它都很管用，能让你即使在独处的时候也显得更自信、更笃定。

每个人都有“静息心率”，同理，我们也有“静息表情”，但是很少有人注意到这一点。有些人嘴角会自然地微微上扬，天生就拥有这种静息表情的人看起来更有亲和力，也能更好地接纳自我。而有些人的嘴角则有些下垂，糟糕的是，这会让别人以为你的内心烦躁不安。你或许是公司里最平和友善的人，但如果你天生有个下垂的嘴角，给人的印象就会完全不同。大多数刚出生的婴儿都不会双唇紧闭或者一副恼怒的表情，但童年时期不愉快的经历会造成这种结果。庆幸的是，恼怒或不安的表情不是一成不变的，你可以有意识地去改变它。

工作的时候，不妨转头看看四周的同事，是不是有的人嘴角上扬，而有的人嘴角下垂？如果你对自己的静息表情比较好奇，可以拿面镜子，接着闭上眼睛，脑袋里什么也别想。然后迅速睁开双眼，观察自己的嘴唇。如果你的嘴角有轻微的向上的弧线，恭喜你，你是少数幸运儿中的一员。这或许有点让人不好意思，但我会让班上的学员闭上眼睛，脑海里想象自己喜欢的人；或者想象自己的宠物，流连忘返的度假地；还可以想象自己渴望参加的活动，以及任何能给自己带来快乐的东西。学员们闭上眼睛之后，我会下去走一圈，观察他们的面部表情。我捕捉到非常显著的变化：紧张、冷漠和焦虑从他们的面孔上消失了，取而代之的是平和。这时候我面对的就是一群自信满满而又怡然自得的人。

正如我上文所述，有些幸运儿天生就拥有平静、幸福的面容，而有些人则跟我一样，得通过练习才能获得。你可以利用下面讲到的小技巧，我练习了一个月之后，终于把快乐的表情变成了一种习惯。有了平静、幸福的面容，别人对你的回应也会更积极。

小技巧 5

浅笑安然

超过百分之九十的时间，我们和同事之间的沟通都不是直接通过语言进行的，但这不妨碍他们一直在形成对我们的看法。你可以尝试着把嘴角轻轻上扬，哪怕这时候没人在看你。我不是让你真的微笑，而是要尽量显现出安静、平和的表情。你可以在办公桌上摆上孩子或者爱人的照片或者任何你觉得有用的东西，用来提醒自己，要时时露出笑意。

另外，也要注意肩膀有没有紧绷，有没有往上耸。这是心理状态比较紧张的表现，如果是这样，要学会放松。

下面我们要讲的内容是反映一个人自信心的首要指标。它就像个24小时不间断播报的大喇叭，能把你每时每刻的自我感觉精准地反映给你周围的人。

07

最好的自信心晴雨表

设想一下，你一个人在家看电视，电视里正在公布彩票的中奖号码。头两个号跟你买的那注彩票的头两位是一样的，你不由得打起精神，竖起耳朵，然后把彩票从口袋里翻出来，看看有没有记错。天呐，下面的几位数也是一样的。你把彩票一直攥在手里，这会它已经被掌心的汗给浸湿了。最后一个号码公布了，你中奖了！你情不自禁地抬起头来，舒展开肩膀。你的整个身体都在释放出能量，因为你赢了！你步履轻盈，眼神明亮，接下来的几个星期，脸上都荡漾着笑意。你的肢体语言仿佛在呐喊，“我赢了！”在工作场合，我们就应该保持这样的形象！

这么多年来，你的朋友和家人用手机给你拍了不下几百张照片。多数照片里，你都面带笑意，显得非常挺拔，因为拍照的时候心情确实不错。你没有眉头紧锁或者塌肩驼背，因为你既没有感到焦虑也不觉得紧张。可在工作场合中，你的身体释放出了同样的信号吗？如果趁你不备的时候拍张照，比如坐在办公桌前，和客户谈事情，或者在休息室喝咖啡的时候，照片里的你表现怎样？看起来像一个获胜者吗？你是不是没精打采地对着一堆文件，缩在柜台的角落，或者有气无力地靠在墙上？你可能只是想稍微放松一下，但是人们对你的印象却在这随意一瞥的瞬间就形成了。或许你并不是经常处于这样的状态，可要是老板恰恰在这个时候经过，会怎样呢？用不了几次，他（她）就会觉得你是个消极怠工的家伙。

良好的仪态对于一个人的形象至关重要，并能激发个体的自信心。哈佛大学和哥伦比亚大学的科学家们在一项研究中证实了良好的仪态和自信的共生关系，这项研究叫作“蔫头耷脑和昂首挺胸会不会影响压力应激反应？”科学家们先对26位女性受试者和16位男性受试者的唾液进行取样，然后指导他们坐下，要显得无精打采才行。“肘部贴近身体，头垂下来，身体缩成一团，请保持这个姿势两分钟。”接着，他们第二次对受试者的唾液进行取样。

将唾液样本保存好之后，研究人员请受试者站起来，抬头挺胸，双肩放松，尽可能地扩大身体空间，并保持这个姿势两分钟。然后又取了一次唾液样本。研究人员发现样本中睾酮和皮质酮水平出现了巨大的变化。在采用了抬头挺胸的站姿过后，睾酮（睾酮是一种能提高身体力量，使男性和女性都更富于冒险精神的荷尔蒙）水平激增，而皮质酮（使个体更容易受到压力影响的激素）水平降低。反过来，受试者无精打采地坐了两分钟之后，皮质酮水平飙升，而睾酮水平一落千丈。这项研究表明，良好的仪态不仅仅让你看起来更有精神，也的确能增加自信，让思路更清晰，判断也更为准确。

那么如何让良好的仪态变得自然而然呢？光靠一星期去两次健身房（只能说是有所帮助）或者把书顶在脑袋上是没用的。你必须不断练习，才能下意识地保持这种姿态。无论是走在大厅里，坐在电脑前，还是跟同事聊天时，都必须练习良好的仪态。开车时，与家人一起吃饭，或者和朋友喝酒时，也得如此。要把笔直的体态变成你的第二天性，要不自觉地挺直腰杆。想要做到这一点，得有人不断地提醒你，可在工作场合雇佣一个健身教练跟着你是不可能的，那怎么办呢？

有个好办法：想想看，有什么事情是你每天都要反复做的，可以用这件事情来提醒自己保持仪态。举个例子，你每天出门进门很多次——无论早上、中午，还是晚上。早晚要出入公司办公楼的大门，白天还要在很多办公室穿梭；要进出洗手间、休息间，还有餐厅；在家的话，要来回走过大门、厨房门、起居室的门、卧室门等等；有天我数了一下我总共得进进出出多少次，结果居然有50次！你们比我还要忙碌，进出的次数也会更多。

小技巧6

通往自信之门

每当你从门口进进出出的时候，不妨提醒自己，把头再抬高一点（仿佛头发能触到门楣）。胸再挺起来一点（仿佛胸部先穿过门框）。无论是进会议室，还是去上司的办公室，在所有你希望给别人留下好印象的场合，这个技巧都特别有用。每一扇门都是免费的私人健身教练，它能敦促你昂首挺胸，抖擞精神。要不了多久，良好的仪态就会成为习惯，那时你就能一直保持成功者的风范了。

08

如何巧妙洞悉别人的自信心水平（并让他们相信你的自信）

在向着职业生涯顶峰努力的路途中，非常有必要了解和我们共事的人的自信心水平，这样才能更有效地应对他们。下面要介绍的技巧会让你收获极为难得的深入见解。

你一定在公园里喂过鸽子吧？把面包屑撒到地上之后，那些饥饿的鸟儿就如同魔法般出现了，它们先战战兢兢地停在几米之外。不一会，有个胆大的家伙飞速冲向一块面包屑，啄起来，接着又迅速飞走了。同伴们看见这个傻大胆居然安然无恙，纷纷有样学样，冲向地上的面包屑。鸟儿们知道你不会伤害它，于是靠得越来越近，很快你就被一群鸽子包围了。

鸽子的这种本能，人类也有。当一位同事觉得跟你待在一起很自信、很舒服——也就是说当她感到“安全”时，从身体层面上来说，她会更接近你。但是如果这位同事觉得跟你待在一起不舒服，或者心里讨厌你的话，她会拉大两人之间的距离。你也会下意识地这么做。比方说，你是个女性，正在和一名女同事交谈，你们俩已经在一起共事了很久。随着谈话的深入，你情不自禁地靠得更近了，因为她让你觉得很自在，很舒适。如果你们在工作八小时之外也是好朋友的话，身体距离会更小。反之，假设你觉得她咄咄逼人，你一定会不假思索地往后退缩。

距离其实能说明很多问题。老实本分的员工都是轻轻地敲老板办公室的门，然后小心翼翼地步入“雷区”，问完问题之后，自觉地站到门边上，等着老板答复。但老板走进员工的办公区域时，却是长驱直入，径直来到你桌前。科学上对于身体距离有专门的研究，称为“人际距离学”。令人欣慰的是，我们可以掌握相关微妙的技巧，从策略上调整和其他人之间的距离，以塑造出自己所希望塑造的目标形象。

每个文化对于身体距离的理解在细节上有所差异，因此，我特地向人类学家爱德华·豪尔咨询了北美洲的有关情况。他把人际距离分为四类，分别是“亲密距离”“个人距离”“社会距离”和“一般距离”。遗憾的是，我觉得他所介绍的用英尺、英寸来精准衡量人际距离的方法并不适用于我。这真挺让我头大的。我可没打算随身带条布袋子，一头粘在同事鼻尖上，一头粘在自己身上，好测量距离。下面，我想把自己用的方法分享给大家，因为拥有对于工作场合人际关系的细微洞察力是极大的优势。

想象你在跟一个同事站着说话，你们面对面，胳膊伸展放在身体前面。如果俩人的中间指头没有靠近，还隔着一小段距离，这很可能说明有一方认为另一方比较咄咄逼人，谈话存在敌对情绪。我称之为“指尖零接触”。想要表达出更多的自信，你应该把身体靠得更近，摊开掌心，靠近对方手掌，我称其为“掌心全接触”。

要想在同事面前塑造出完全自信又舒适自在的形象，不妨想象这样的画面：俩人手臂均置于身体前方，互相抓住对方的手腕或者前臂。男士们，你们已经习惯了和同性保持一定的距离，所以要是觉得“握住手腕（前臂）”有那么一点点怪异，这也很正常。跟随自己的直觉即可，不过和女同事相处时，为了安全起见，要注意保持距离，保持跟男同事谈话相同的距离。如果女同事主动靠近，那是她的事情，但是要当心旁观者或许会产生误会。

人际距离中其实还有一个类别，我称之为“鼻尖接触”，是指你的指尖可以轻松触碰到对方的鼻尖，因为过于亲昵，所以这种距离不适合出现在工作场合。无论俩人多么友好，在工作场合这样的距离也必须避免！

你或许觉得人际距离听起来完全不值一提，甚至是一派胡言，但是我敢保证，人与人之间的距离传递出的信息真的很多。

小技巧 7

从容靠近

缩短你和他人之间的距离，可以反映出你的自信。靠近对方是有效掩盖不安全感和敌意的一个绝佳方法。所以，如果在工作中遇到任何咄咄逼人或者令人讨厌的角色，你只需微微一笑，然后靠他（她）更近一点。他们永远也看不出来你是害怕还是生气。

然而，有一件事是万万不可做的。如果同事退后一步，调整了你和他（她）之间的距离，这时候你就不要再靠近了，因为这样你会侵犯到对方的空间。当然，如果她主动靠近你，你只需固守阵地即可。那是她的舒适区。毕竟，每个人对于距离的理解都不一样。

在工作中，距离不仅可以帮助你战略性地获知同事的自信心水平，还能在对方沉默的时候，帮助你了解他对你的看法。他选择和你之间的距离远近提供了重要的线索。艾玛是上过我培训班的一名部门主管，她告诉我，每次给团队成员布置好任务之后，她都会仔细地观察大家的脑袋是下意识地朝向她那个方向，还是朝向背离她的方向。“了解团队成员们在某个情境中的感受，”她说道，“能帮助我在这个项目中和各种不同的人共事。”

下面的这个小技巧，可以帮助你了解同事们对于你的看法，以及他们如何看待你刚说的话。而这些信息，在将来你和同事的互动中，会起到至关重要的作用。

小技巧 8

观察同事的习惯性距离

想要了解某个同事对你或者你的话语的看法，不妨留心他（她）与别人交谈时的习惯性距离。然后比较一下，跟你谈话时的距离是更远了还是更近了。信不信由你，具有敏锐的捕捉细微差异的能力确实可以帮助你规避职场上的敌对关系。

09

如何让电子邮件和即时信息传达自信

现在，多数公司的员工都是通过电子邮件和即时信息的方式进行沟通的，因此十分有必要讲讲怎样通过写作凸显自信。遗憾的是，无论是走进办公室的时候让人眼前一亮，还是精神抖擞的步伐，大幅度的肢体动作，保持面部平和自信的表情，昂首挺胸，抑或是身体更靠近对方，这些要素都无法通过写作表现出来。那么，我们究竟应该怎么做，才能让别人读完电子邮件之后，就能感受到你十足的自信心呢？

为了找出这个问题的答案，我们不妨先回忆一下小时候大家在涂色书上玩过的一个游戏，名字叫“图画找错”，你应该记得吧。玩这个游戏时，你会看到一些搞笑的简笔画——比如农场里，动物们在吃草，一旁有拖拉机，有几面能标识风向的旗子，等等。画里面大部分东西看起来都挺正常的，但是游戏要求你尽可能地圈出其中的逻辑错误之处。于是你规规矩矩按照要求，从盒子里拿出一只蜡笔，开始找了起来。你是个观察力特别敏锐的小孩，发现拖拉机只有三个轮子。太棒了，于是你圈出了这处错误。你的目光在图画上四处逡巡，啊哈，有两面旗子飘向相反的方向。你又找到一处。现在你做得非常顺手，势如破竹。你又找到了一只长了个猫脑袋的狗，和一个光着脚有六个脚趾头的小孩等一大堆错误。

下面，我们要玩成人版的“图画找错”游戏，我们且叫它“句子找错”（先别着急，我并不是要吹嘘这个游戏有多神奇，但它确实可以帮助你在网络世界中显得更自信）。下面的这些句子是别人在电子邮件中写给我的。有些句子会让你觉得写邮件的人不是那么信心十足，请你标识出来。

西耶娜写道：“我想确认（英语原文中的动词“确认”用的是过去时——译者注）一下会议是否还会按时举行。”

托马斯写道：“我今天会尽力完成任务。”

克拉丽莎写道：“我觉得我们应该下周把它寄给客户。”

麦肯兹写道：“非常抱歉我今天无法与你会面。你看明天可以吗？”

朱达写道：“我只是想了解一下您是否收到了。”

哪些句子会让你觉得写邮件的人缺乏安全感？你一定猜得出答案。对，五个句子无一例外。为什么呢？因为这些句子中包含了一些信息，我把它们称为“弱化词汇”。

西耶娜，你想知道会议是否会如期举行吗？用过去式表达自己的想法是最常见的“谦卑文体”。我读过太多别人写给我的类似的句子，比如“我诚恳地希望您有时间来谈谈”或者“我渴望听到您的意见”（英语原文动词用的是过去式——译者注）等过于谦恭的句子。用过去时来表达自己的希望，会让人觉得你对自己提出的要求似乎感到不自在。请用一般现在时，大胆地说出自己的请求，自信地告诉对方，“这就是我所期盼的。”

托马斯，“尽力”这个词听起来语气不够强烈——给人感觉好像你对自己能否达成目标并没有十足的信心。“我会克服一切困难，这周把任务完成”，这种表达才能反映出你对自己的能力是有把握的。

克拉丽莎，你“觉得”你们下周应该把产品寄给客户？为何不换个说法，“我的建议是……”或者“我的观点是……”这样的句子会让人觉得你的语气更坚定。

麦肯兹，你为什么要道歉？你又没做错什么。应该这么写，“我很遗憾今天无法与你会面”，然后问问客户第二天哪个时间档是空的就可以了。

朱达，你想知道对方有没有收到订单，很显然，你有权知道相关信息。“您收到订单了吗？”其实只要这么简单问一下就好。这样你也会显得更有自信。

弱化词汇和短语还有很多——“这只是我的一个想法”“这只是我的一点疑问”“很抱歉打扰你了”“我可能……”“我不能……”“我不知道你是否……”等。好的，你明白我的意思吧。请你立刻抛弃它们，改用语气强硬点的词汇。

小技巧 9

免使用弱化、语气词汇

避免使用“我试试看”“我觉得”“我只是”等类似的表达。也不要使用过去式表达自己的愿望或诉求，这种表达方式不仅被滥用了，同时也是对自己的轻视和贬低。最重要的是，如果没有做错什么，永远不要说“我很抱歉”（这句话我们女性实在是说得太多了！）。

10

你看起来会自信过头吗?

回想这些年来我做过的数以百计的演讲和讲座，由于这样那样的原因，有几个令我印象特别深刻。下面要讲的这个例子我记忆犹新，因为听众们实在太棒了。

马丁是一家我经常合作的演讲机构的领导，几年前，他打电话给我，说青年董事长组织（YPO）——一个非常有影响力的组织，成员主要是45岁之前就当上董事长的职场精英——希望我能在他们下一次年会的分组会议上做个讲座。接到电话之后我激动极了，因为之前有业内人士告诉我青年董事长组织是一个奋发向上的团体。第二天，我给马丁所在的演讲机构打了个电话，想更多地了解一下对方的需求。马丁说他们希望能听到我最受欢迎的讲座——“跟谁都能处得来”。

“你不是开玩笑吧，”我笑道，“这些职场成功人士还需要我教这些吗？这么年轻就能当上公司的总裁或者CEO，他们一定是沟通领域的佼佼者。”

“我该怎么回答你呢，莉尔？他们的会议策划就是这么要求的，我是替你答应下来还是拒绝好呢？”

“当然是答应了！他们需要我具体讲哪些细节吗？”

“他们特别希望你能多讲些肢体语言的内容。”马丁回答道。

“什……什么？”我大吃一惊。

“对方就是这么说的。我寻思他们是不是想了解更多的肢体语言，好看起来更有总裁风范？”

“呵呵呵，”我尴尬地笑道。

“别这样啊，我可是认真的。”

“好吧，可能有些人继承了家族的产业，或者是通过联姻得到了好处，也可能是因为跟创业者有关系才当上董事长吧，”我抓住最后的救命稻草，说道。马丁不置可否。（顺便提一句，后来我发现自己大错特错。除了极个别特例，青年董事长组织的成员都是遵循美国成功励志的传统，凭借自身的勤奋努力、良好的决策能力和领导力达到了今天的高度。）

做讲座的前一天，我乘飞机到达科罗拉多斯普林市。走进酒店大厅，我看到与会者正在签到，他们热烈地交谈着。一眼扫过去，我就被深深地触动了，他们举止自信从容，看起来都是一副政治家的派头。我走进电梯，前往下榻的房间，感觉自己像个懵懂无知的小孩，却不得不硬着头皮教脑外科医生怎么进行开颅手术，我真担心介绍人会被演讲机构开除。组织方安排我第二天上午九点做讲座。“嗯，时间安排得不错，”我思忖着，“多数参会成员舟车劳顿，到了之后还得参加欢迎晚宴，恐怕得熬到后半夜才能睡觉，他们一定会睡个懒觉吧。”

事实证明，我想多了！九点整的时候，房间里就挤满了男男女女，不下 60 个人，他们看起来的确很有领导风范。这下我彻底投降了，要讲的内容对于他们来说一定太小儿科了，我的脑海里浮现出一个场景：听众们三三两两地离场，只留下我一个人对着空荡荡的房间。

出人意料的结局

结果完全出乎意料，我的讲座成为那次周末会议大家最津津乐道的内容！开场时，我先赞扬了与会者的领导风范。然后我误打误撞，开玩笑问了大家一个问题，“我能教会你们什么呢？”话音刚落，一位与会者双手拢住嘴巴，大声喊道：“教我们怎样变得低调！”整个会场爆发出笑声。但他是认真的，大家也的确需要这方面的知识！我仔细地询问了原因，有些听众告诉我，员工会抱怨他们在公司“一副居高临下的样子”。有位听众说，有次他听到下属评价他“为人冷漠”。另外一位参会者告诉我，员工吐槽她“对人爱理不理的”。听大家分享完经历，我十分激动，决定把预先准备好的讲座改成开放式讨论。

一位总裁告诉我，大家其实在前几年就察觉到这个问题。怎样表达自己的想法才会让员工觉得你更有亲和力，针对这个问题，他们也听了一些有关的讲座。但是结果差强人意，公司里员工们的抱怨仍旧在继续。那一年，青年董事长组织负责联络讲师的是一名女性，她的思路跟大家不太一样。因为对组织中的成员比较熟悉，她认为问题的原因在于行为举止，因此她请演讲机构为大家安排一名专门的肢体语言讲师。

这时候，我一下子能够理解马丁了。马丁对客户的需求没有清晰的把握，但是这并不是他的问题，因为这群客户的要求实在是太与众不同了。从来没有听说过哪一个会议策划是要求讲师教授让大家“看起来不自信”的技巧的！总裁们纷纷说出自己的亲身经历，此刻我的耳朵里一片嘈杂声，回响起在之前的讲座中我所听到的对上司形形色色的抱怨。

“上司对我不满时，会拿手指头指着我。”

“我的老板会斜着眼看我，好像根本不相信我说的话。”

“跟老板讲话的时候，他会把双臂交叉，放在胸前。”

“她会双手叉腰，颐指气使。”

“当我想跟上司解释的时候，他会故意把身体转过去。”

我说出了员工们各种各样的抱怨，这时候屋子里有人讪讪地笑了。甚至有人玩笑般地嘟囔道，“真内疚啊。”同时，我也发现有些人一头雾水的样子。有位女性一直在紧张地用手揉着脖子，不停地抚摸着前臂。反正已经不是讲座，而是开放式讨论，于是我索性问了问她的想法。她环顾了一下四周，然后答道，“可能有些人知道，去年我父亲去世后，我才接管的这家公司。我对这个行业了如指掌，陪伴着公司一起成长，但是被推到领导的这个位置上让我觉得很不安，这或许才是我有时候装腔作势的原因吧。”有几位董事长点点头，表示理解。我注意到，整间屋子里，像她这样用夸张的言语和动作来掩盖内心不安全感的人其实不止一个。

她看见屋子里有个画架，上面夹了一沓纸，于是主动要求把我们刚刚讨论的一些自大的言语和动作画下来。我把马克笔递给了她，这时候屋子里响起了掌声。

那天的讨论气氛很轻松：她整整画下了六张纸的内容。对我来说，那是个难以忘却的下午。讨论结束之后，我把那几张纸撕了下来，拿回房间，装进了行李箱。下面的句子就是从其中摘选出来的：

“我说话的时候，老板就坐在那儿，往后仰着，双臂交叉，仿佛把我当成空气。”

“大厅里看到我之后，她径直从我身边走了过去。”

“我在会议上做展示的时候，他拿着 ipad 在那里划来划去。”

“她站在我办公桌的边上，有点盛气凌人。”

“每次当我想汇报的时候，他就把脚跷在办公桌上。”

“跟老板在办公室交谈的时候，只要一有新邮件提示音，她就会去看电脑。”

“他会身体往后仰，把胳膊放在脑袋后面，肘部往前凸出。”

“她跟我想法不一致的时候，就会来回挥动手指，像个节拍器似的。”

“他会把身体往前倾，双手按在我的办公桌上，眼睛瞪着我。”

“她会把头高高扬起来，下巴抬起，用鼻孔看人。”

哪些动作会明显地暴露出“我就是比你强”的想法

画板上的动作总共分为以下三种：

- **盛气凌人型**。双手叉腰，身体往后仰，胳膊放在脑袋后面，把脚跷到桌上，两手摆出“塔尖式”手势
- **漠不关心型**。没有眼神交流，表现出无聊，或者根本没有在听
- **拒人千里型**。双臂交叉，翻白眼，说话时把头扭开

小技巧 10

彻底摒弃“高人一等”的行为举止

在工作场合的确应该表现得镇定自若，信心十足，但是要慎重，尽量避免飞扬跋扈的行为举止。过分的自以为是，是阻碍你进步的路障，因为大家普遍讨厌那些傲慢专横的家伙。

现在我要谈到的一种品质，无论是对于职业生涯的成功，还是人生的终极幸福来说，都同样重要。这种品质，就是关爱。遗憾的是，今天在很多公司和企业里，我们很少能看到同事之间的互相关心。我敢打包票，你一定听过这句至理名言，“人们并不在乎你究竟知道多少，除非他们知道你有多在乎他们。”这话我非常赞成，下面我们就来探讨一下这方面的内容。

第二部分

关爱

Part Two

给每位同事准备一样小礼物，

是展现温暖体贴最简单有效的方式。

这个礼物可不是什么实在的物件，也不是花钱买来的，

但是它弥足珍贵，能让每个人都觉得自己很特别。

而且它是免费的！

在交谈时，用眼神“锁定对方”，这就是我所说的礼物。

11

呵护他人的自我

血友病患者如果皮肤被扎破的话，血会一直流个不停。其实，和你一起共事的人都有类似的困境，只不过不是皮肤或者血液问题而已。一旦有人刺痛他们的自我，他们情感上就会受到伤害，心好像在流血。我们可以把这类人叫作“情感血友病患者”。他们是坏蛋吗？当然不是。这恰恰说明他们是真实的人。每个人的内心深处都住着一个长不大的孩子，他（她）不断地敲打着婴儿床，渴望得到别人的关注，迫切地希望自己是“与众不同”的那个（每个人所使用的方式有所差异，这点你明白的）。每个人的生活经历千差万别，形象也有所差异。

究竟什么是自我？简单地说，自我就是人们给自己编造的叙事；是日复一日，年复一年，他们想成为的样子。因此，能否捍卫自我，对于某个个体来说，是关乎存亡的事情。自我就如同鸡蛋壳一般易碎。你得有盲人芭蕾舞演员的天赋才行，在堆满鸡蛋壳的舞台上跳舞，却不会踩碎一只蛋壳。

伴随着公司一起成长的你，为了企业的发展，必须做出清晰果断的决定。然而要想实现真正意义上的成功，在做决定的同时，你还不能伤害到同事的尊严和骄傲。当你抛开众议，坚持自己的立场时，大家多半会心生不满。但是有时候你不得不批评、纠正表现欠佳的人，拒绝某些不合理的要求，甚或开除某个你喜欢的员工。这是你走向卓越的必经之路。但是如果你能逐步提高在职场上的灵活性，在坚持自己做法的同时，还能让大家有良好的自我感觉和自我认识，这才是真的有水准，也才配留在高层。下面就来讲讲其中的技巧，让我们先从微笑开始吧。

12

在工作场合可以真诚地微笑吗?

人们在工作时也会微笑——并且有时还非常诚恳！你一定在办公室见到过各种各样的笑。示弱的笑，为了达到某种目的的笑，虚伪的笑，贪婪的笑，还有敷衍的笑。我见识过在大老板开玩笑的时候，员工们硬是咧着嘴巴，挤出笑容，看起来就像香蕉船上的猴子一样。露出牙齿，张开嘴唇，说“茄子”，笑可不止那么简单，难道人们不知道吗?

如果有一家公司，在那儿人人都不需要假笑，而且也不需要伪装出任何种类的情感，岂不是棒极了？你完全不必装出你对同事的汇报评价很高的样子，也不用装出对同事的周末计划很感兴趣的样子，这不是很好吗？我合作过的单位数以百计，但是我未发现有一家公司的员工是不需要假笑的。没错，我们是会觉得其实那一点也不好笑，或者并不赞成某人的说法，但是出于策略上，或者人性的原因考虑，我们必须伪装。

你还得学会辨别别人的笑是真的还是假的，没有这种能力，你可能会做出错误的选择或者犯下大错。你一定听过这么个说法，“透过眼睛看到他发自内心的笑意。”如果别人真心地赞同你的说法，被你的风趣幽默逗得笑出声来，或者由衷地欣赏你的想法，那么你会通过对方的眼睛捕捉到。更精确地说，你会发现眼睛的周围会挤出细细的纹路。医学上称之为“眼轮匝肌”。（你必须要了解，不是吗？）

“棒极了”，你或许会这么想，“冲别人笑时，我只要在眼睛周围挤出皱纹就好了。”没你想的那么容易！眼轮匝肌是不随意肌肉，所以我们是无法随心所欲地控制它的！虽然真挚的笑容会让你的眼角布满鱼尾纹，但是这很值得啊。

另外一种区分假笑和真笑的方法是看速度。假笑的时候，双唇会立刻往上提，瞬间就会露出牙齿。可是如果你是由衷地欣赏对方所说的话，或者真心觉得有趣，你需要更久的时间来消化听到的内容。喜欢深思熟虑的人和坦率的人，他们的笑容会出现得慢一些，因为那不是伪装的。他们首先需要片刻时间理解你所说的话，然后才会自然地迸发出笑容。下面的一些技巧，会让你的微笑显得更为真诚。

小技巧 11

让笑容慢慢绽放

笑的时候要矜持！笑容灿烂那是必须的，但你不能着急。先用心地听对方讲话；然后脸上慢慢绽放出笑容，要像一股暖流般包裹住对方。整个过程应该是由内而外的，从内心出发，传播到大脑，最后抵达双唇。它的速度是如此之快，以至于我们只能用毫秒计算，但这笑容产生的效果却非同凡响。如果笑容来得太快，会让人觉得虚伪做作，还不如不笑。

下面要讲的这个小技巧只适用于女性读者。（男生的话可以直接跳过，但这部分结尾的最后几句话可别忘了看，对你同样有用哦。）

女人们，笑得太快，输得也快

你听说过美利坚邦联美元吗？如果你是历史迷的话一定听说过，它是新成立的南方邦联在美国南北战争爆发前夕所发行的货币，但因为缺乏相应的支撑，所以价值飞速下跌，最后一块钱差不多只能当五分钱用。同理，姐妹们，要是你跟多数女性一样，笑得太多，那么你笑容的价值也会大幅下跌。人们总是认为女性就应该“温柔体贴”，但其实这是错误的看法。女性知道笑容能给自己带来好处。比如小时候坐在爸爸的膝盖上，我们知道一张可爱的笑脸就能帮助得到自己想要的东西。到了青春期，我们发现灿烂的笑容简直是击倒男生的撒手锏。即使现在，在女性朋友的社交场合，我们也绝不吝啬自己的笑容。她们那么有趣，干吗绷着脸呢？

但在工作场合，这就是另外一回事了。同事们，尤其是男同事，会对你的笑容产生误会，把它们看作示弱的表现，也可能以为你在跟他调情。记住，哪怕你是公司里最有能力、业务最出色的人，也绝不能像个小女孩一样，指望着用笑容来达到自己的目的。

矜持的力量

几年前，有个工程师协会聘用我去给他们的会员做一系列关于沟通技能的讲座。这个协会的副会长叫弗洛伦丝，我跟她素未谋面，只是通过电邮沟通了几次，她邀请我某天上午过去，认识一下协会里的经理人，这些经理人里一个女性都没有。那天到了之后，不苟言笑的弗洛伦丝站起身来，优雅地向我伸出手，问候道，“很高兴见到你，莉莉。”

莉莉！这么称呼我也太奇怪了！莉莉是我高中时候的绰号，毕业之后我就弃之如敝屣。（我渴望成为一名货真价实的“职业女性”，这个外号太不严肃了。）好吧，我猜这肯定是她的口误。但接下来发生的事儿就更离奇了。开会的时候，弗洛伦丝，这么一个严谨的职业女性居然冲我眨眼睛。怪了！会议讨论的时候她明明是一副居高临下的样子啊。接下来还要继续讨论讲座的事情，我只好试着不去想她。

会议结束，经理人们都离开了，弗洛伦丝说，“莉莉，你能等一下吗？”接着她关上会议室的门，咯咯笑了起来。我目瞪口呆地停在原处，咯咯笑可不是这个女人的做派啊！她的脸上绽放出热情的笑容，伸出双臂拥抱我。我的天啦，这到底怎么回事？我突然醒悟过来了！原来弗洛伦丝——跟我高中是一个学校的（只不过当时我们喊她“弗洛丝”）。高中时候她可是以灿烂的笑容和富有感染力的笑声而著称，大家都很喜欢她。她从来都憋不住笑，这也正是她的魅力所在。我喜出望外，“哦，天呐！弗洛丝，我没认错人吧？”

“是啊，莉莉，见到你真的太高兴了！”她一边叫一边抱住了我。“有空的话咱们一起吃午饭吧？”

“那还用说！有太多话要讲了。”我最想知道的是，弗洛伦丝在公司的时候那么不苟言笑，怎么同事走了之后，就像换了个人，又变回了以前那个活力四射的她。饭吃到一半，借着酒劲，我张口问道，“弗洛伦丝，你这上班跟平时可不太一样啊……”

她得意地笑道，“哎呀，莉莉，你叫我弗洛丝就好。也别问我为什么不一样。其实我没变，只不过笑得没以前多了。”她的神情严肃起来，解释道，“实际上啊，唯一变化的就是我笑得快慢而已。之前那份工作，很多资历不如我的人都提拔了，只有我还在原地踏步。

工程是个男性主导的行业，因此我怀疑是性别拖了我的后腿。于是我对性别差异做了些研究，发现很多论文都指出，女性微笑的频次比男性高出很多，而这其实会让女性显得不那么职业，不那么靠谱。”

“所以你就不笑了？”

“天呐，当然没有！”她轻声笑道，装作吃惊的样子。“我只是笑得没原来多了。跟之前相比，同事对我的看法也有了很大的差异，尤其是男同事。遇到什么有趣的事儿，或者高兴时候，我仍然会笑。但在商务场合，就得严肃点。有不同想法的话，我也不会假装赞成。大概自己年轻的时候巴不得人人都能喜欢自己，所以才那么爱笑吧。”

弗洛丝和我又聊到了著名的人类学家海伦·费舍尔，她做了大量的关于人类本质的研究，费舍尔认为，很多男性把女性的笑容看作是服从、怯懦和软弱的信号。想起以前上学时候，在街上甚至会碰到男人冲着我们喊，“嘿，姑娘，笑一个！”我和弗洛丝都忍俊不禁。把招惹对象换作男人的话，一定会被狠揍一顿。

费舍尔的研究我也读过，我明白弗洛丝这么做是对的。她目前所供职的单位之前一直是男性占主导地位，弗洛丝能一路做到副总裁的位置，也说明了她的改变是正确的。脸上时时挂着笑容反而会阻碍弗洛丝的进步！（她也放弃了弗洛丝这个昵称，而用自己出生时候的名字，弗洛伦丝。）笑得太多，反而会让笑容一文不值。女同胞们，我建议你们也调整一下自己的微笑策略哦。

小技巧 12

女性的笑容调整策略

如果同事以男性居多的话，尤其要注意这一点，必须抑制住爱笑的天性，不能脸上天天都挂着热情的笑容，要矜持，这有助于良好职业形象的塑造。把发自内心的灿烂笑容留给自己的朋友、家人和孩子吧。

这里我还想给女领导女上司们一个重要的提示：如果你是团队领导，跟下属打交道时，多笑点也无妨，这对整个团队的工作效能是有益的。还有，男士们也要多笑笑，要让同事和下属尤其是女同事和女下属多看到你的笑脸。能和一个面带温暖、真诚、热情笑容的男同事共事，工作也会变得更加愉快。

有时候“莞尔一笑”至关重要

虽然我在前文中告诫大家，要让笑容慢慢绽放，要减少笑的频率，但我绝没有贬低“莞尔一笑”的意思。不要每次微笑都搞得像真人秀一样拘谨啦！实际上，有些行业，比如说服务行业，面带微笑是很重要的。大家有没有碰到过这样的加油站的工作人员、超市收银员或者酒店前台，把小票递给你的时候，面无表情，冷若冰霜？有时候我不得不咬紧牙关才没有脱口而出，“我说你这人，笑一下难道肚子会疼吗？”没有笑容的服务行业不仅不是服务，而且是伤害。

我曾经给一家零售银行做过咨询，因为有相当多的客户把存款转到了其他银行，这让他们很担忧。经理告诉我，他们收到了不少投诉，都是抱怨柜台出纳的。“我就搞不懂了，莉尔，”他说，“我们的出纳都是认真培训过的，工作能力肯定没问题。”经理觉得很委屈，却又一筹莫展。

我在这家银行开了个小额账户，着手进行调查，趁着银行一天最忙碌的时段——午饭时间——去存点钱或者兑换支票，一边排队等候，一片偷偷摸摸地观察出纳。相同的场景一遍又一遍地上演：顾客走到柜台前，出纳们则按照培训的程序工作——核算数字，点数钞票，填写表格，样样都符合银行标准。但对我来说，问题显而易见。出纳们唯一没做到的就是，脸上没有欢迎的笑容。每给一位顾客办完业务，他们就喊“下一个”，有时连头都不抬一下。轮到我的时候，我用眼睛看着出纳，微笑着说，“早上好。”结果对方冷冰冰地回了我一句“早上好”，问他点问题，他也是面无表情。

站在柜台前，我左右看了看，每位顾客的业务都在有条不紊地办理着，可我发现，所有人的脸上，无论是工作人员还是顾客，都没有一丝微笑。业务办理完之后，出纳低声嘟哝道，“祝你今天愉快”，说是祝福，但怎么听着都像在发出死亡通牒。

过了几天，我又去了银行，这次给我办理业务的是另外一名出纳，但我的经历和前面的如出一辙。因此我发现，这家银行的问题不仅仅是个案。在银行管理人员的配合下，这样也方便他们监督，我给出纳们进行了专门的培训，大家开玩笑把它叫作“微笑培训班”。听起来是老生常谈，但它确实管用。培训过后，顾客的投诉骤降，而且无论是出纳还是顾客，都觉得银行里的气氛愉快了许多。

小技巧 13

“莞尔一笑”也很重要

尤其是服务行业！在有些场合，我们既没有足够的时间，也没必要慢慢地绽放出笑容。有时我们只是短暂地跟人打交道，如果能在刚开始露出欢迎的微笑，中间笑上几次，最后告别时面带微笑，结果就会完全不同。对你本人也有帮助。即使并不熟识的客户和同事也会待你更加友善。

13

通过肢体判断

伯恩斯房地产公司里面吵成一团，大家对休假的时间无法达成一致，一位主管不耐烦地摊开双手，告诉大家，今年的休假时间容不得大家自己选择，得由她来定。她把团队成员集中到会议桌前，准备宣布休假安排。大家心里都很着急，他们非常迅速地把整个身体转向主管，大气都不敢喘，巴不得能早点听到自己休假的时间安排。

“凯尔西，你的时间是 12 月 15 号到 1 月 1 号。”

“万岁！”凯尔西自顾自地欢呼起来，思绪已经开始自由发挥，联想到圣诞树五颜六色彩灯闪烁的景象。她的身体朝着主管的方向靠过去。“祝你好运！”她在心里默默地念叨。

“阿若格，你休假的时间是从 11 月 17 号到 30 号。”

“她怎么能这么对我？”阿若格暗地里抱怨。“这个时间段海边的天气很糟糕。”他的上半身开始向门的方向转过去，可是又突然想起来“感恩节不就在这个时候吗，至少我还可以计划一下全家出游啊”，于是转了一半，停了下来，又朝向主管。

“唐，你 3 月 1 号到 15 号休假。”

“倒霉！”唐对这个安排很不满意。“这家伙就是个巫婆！”他把身体往后靠，双臂交叉，肩膀转向门那一边。

哪怕在他们的头上套个袋子，你也能轻而易举地看出来当时他们对老板的情绪如何，凯尔西的热情、阿若格的失望和唐的愤怒。他们的情绪为何如此明显？上半身的朝向彻底地暴露了他们的真实想法。明眼人通过观察眼睛、胳膊、手、腿和身体的其他部分就能洞察你内心的情绪，而身体的朝向是最重要的线索。这可不需要什么透视法。

西德尼·帕特森可能是我的客户公司中最受大家喜爱的主管。每次开会的时候，她从来不会坐在长方形会议桌的两头，而是和员工们一起坐在长的那两边。员工汇报时，她会把头和胸部朝向那个人；大家发言的时候，她边听边频频点头，表示听懂了，而且会不时地插一句，“这个想法很有趣”“我明白你的意思”“我们确实得考虑你这个提议”。只有在平板电脑上做简单记录的时候，她才会把头低下来，这让大家感觉受到了尊重。

我还发现，只要在大厅里遇到员工，说话的时候，她会把身体完全朝向对方。如果是跟两个人交谈，她会微微地调节上半身的方向，时而对着其中的一位，时而对着另一位。她认真倾听，并且真诚地关心每一个跟她汇报的人，而这对西德尼来也带来了回报。团队成员对她都很忠诚，每次他们都会竭尽全力帮助自己的主管。

有次跟西德尼聊天的时候，我赞扬她是个很好的倾听者。她说，“莉尔，这一切得感谢我的父亲，他是名剧场灯光设计师。”

“你的父亲？”我很惊诧地问道。

她接着说道，“我十几岁那会是个对别人漠不关心的人，不然父亲也不会总是让我认真听别人说话。有一次父亲让我跟他玩个游戏，他并且威胁说，要是我不愿意的话就不准我出门。我可不想一直待在家里，虽说不情愿，最后我还是答应了。”

“父亲让我想象一个大手电筒从我的胸膛里往外射出光芒。‘无论跟谁说话，都要把手电筒朝向对方。’”

“‘好的，’我嘟囔道。开始我会觉得很奇怪。不过很快就成了习惯，我会下意识地那么做。我把手电筒朝向每一个跟我交谈的人，这个习惯一直保留到现在。我发现人们的反应会因此而大不一样，这是事实，绝不是想象出来的。你不用谢我，莉尔，应该谢谢我的父亲。”

小技巧 14

身体变成手电筒

与人交谈的时候，仅仅把头偏向对方是不够的。应该将整个躯干部分都朝向对方，就好像胸口有个手电筒在发光一样。哪怕是在会议桌旁，身体也应该微微朝向说话的人。你所射出的光束会让对方觉得，你不仅在认真倾听，努力理解，并且由衷地欣赏他，而这些是实现沟通和共情的关键因素。

对了，在这里我有必要提一下性别差异的问题。两名男性单独对话的时候，规则会略有不同。如果两个人直接面对面地朝向对方，会让人感觉到冒昧，甚至有点挑衅的意味。所以，先生们，跟男性对话的时候，身体要略微侧偏。想象有个聚光灯从胸口射出光芒，这是可以的，不过把聚光灯换成广角的泛光灯，这样你就有更大的灵活性，把侧身的角度控制在 45 度以内即可。如果是坐在办公桌或者会议桌旁，你仍然可以保持大角度的侧身，因为有桌子挡在中间，等于预先设置好了“安全区”。

由于男性只在极少数情况下会面对面进行交谈（除非愤怒的时候），与女性不同，他们察觉不到交谈中微妙的细节。懂了吧，女士们，如果在工作中真的和男同事有交流障碍，倒不如放他们一马。要知道他们可是有“沟通缺陷的残障人士”！

14

夸赞绝对不能敷衍潦草

如果有同事在工作上帮了你一个忙，或者直接下属任务完成得非常出色，你一定很感谢他们。表达感谢是情理之中的事情，你也肯定不是个没礼貌的家伙。那么表达感谢究竟是为了什么？是为了告诉对方你的感激之情，让他（她）觉得自己做得很好，对吗？“谢谢”或者“你做得很好”这样的话实在是太司空见惯了，跟电梯里的背景音乐差不多，没人能听到心里去。

我想跟大家分享一个简单易行的技巧，能够让你达到真正向别人表达谢意的目的（同时也会让对方想为你做更多的事情）。设想一下，你的上司在大厅里看见你，经过的时候，他说道，“谢谢你今早帮我找到那份文件”，你听了当然高兴。她的肯定让你心情愉悦，并且这份愉悦能持续一段时间，至少在你走出大厅的那一刻，心情还是灿烂的。下面设想另外一副场景：你的上司从办公室出来，走了一段距离，来到你的办公桌旁，停下脚步，微笑着注视你的眼睛，喊出你的名字，然后说道，“你今早居然能帮我找到那份文件，真是太好了！很显然有人把它放错了文件夹。你昨晚加班，把电脑里的文件翻了个遍，好不容易才找到原件。你不是个轻易放弃的人，这一点我真的很欣赏。太谢谢你了。”

哇，听到这话，你简直开心极了！心里觉得美滋滋的，下班开车回家的路上还高兴着呢。晚饭的时候，你甚至把老板的原话告诉了家人。你突然更喜欢老板了。下次她再遇到问题的时候，你不由自主地想把事情做得更好。能有这样双赢的局面，全是因为她在表达谢意时，多说了几句话。

下面，我们再设想一下，你有个同事叫卡莉，你对她并不是很感冒。有一天卡莉请你帮她修改一份报告。“天呀，她可从来没帮过我什么忙，”你在心里发着牢骚。“我干吗要帮她？自己的事还忙不完呢。我可没这个闲工夫。”但你是个好说话的人，于是答道，“好的，卡莉，放在这吧。”

下午快下班的时候，你拿着那份修改过的报告来到她桌旁。卡莉大概看了一下，你正等着她道谢呢。她抬起头看着你，冲你大方地笑着说：“天哪，这真是太棒了！你一定花了不少工夫。本来不好意思麻烦你的，但是我实在束手无策。我就知道你不会袖手旁观的，真的太谢谢你了。在写作方面你比我在行多了……”

你现在的想法是，“嗯，这个女人还不错啊！”事实是，你对卡莉一下子心生好感，职场友谊的种子就这么种下了，而这一切只是因为她多花了点时间和心思，更好地表达了感激之情。

当同事、下属表现出色，或者帮了你什么忙的时候，一定要不停地夸奖他们。夸奖时要加上一些细节，告诉对方这件事有多重要，以及为什么你会如此感激，要不遗余力地表示赞赏。

最后一个例子：假如有个同事在你的请求下，跟你换了班。道谢时，你应该具体描述她到底帮了你多大的忙，尽量多地表达出感激之情。比如你可以这么说，“你能跟我换班真是太好了！马上节日就要到了，可我什么礼物都还没准备好。要是没有你跟我换班的那一天，我真不知道如何是好。买不到那套火车玩具，儿子肯定很不开心，他也应该谢谢你！真是感谢啊。下次有什么我能帮的，你尽管说。”你看，这样赞扬别人是不是更有感染力！

小技巧 15
不要吝啬你的赞美

夸奖的话要多说点才好。简简单单一句话是不足以表达对同事或者下属的感激之情的，最少也得三句话！持续的赞美在对方听来简直就是美妙的音乐。这跟做爱有异曲同工之妙，时间越久，感觉越美妙！

给主管们的特别提示：千万千万不要漏掉下面这一条。表扬别人的时候，请不要走动。你应该放慢脚步，停下来，看着员工的眼睛，然后再开始你的赞美。不要吝惜赞美之词，因为它们是极为有效的沟通方式。员工们会因此更尊重你，更加忠诚，也更愿意为你效劳。

如何让你的赞美变得与众不同

无论你从事哪个行业，也不管你职位高低——从脏乱工厂里的清洁工人到跨国公司的副总裁——每个雇员都有他的上司。而且每个雇员都希望上司能对自己另眼相看。大家都想得到上司的青睐，所以下面我们就来看看怎么做才能展示出你是个富有爱心、乐于分享的人，而这样的人，在有些竞争激烈的公司里，可是稀缺资源。下面的小技巧能让你的赞美变得与众不同，拉近你和同事之间的距离。

小技巧 16

让你的赞美一箭双雕

选择恰当的时机，趁着你和同事一起跟老板聊天的时候，不经意地告诉老板，同事工作得很出色。这种夸奖人的方式极具杀伤力。一来，你在合适的时机，恰到好处地夸奖了同事，这会让他很激动；二来，老板对你的印象也会很不错。

这个小技巧同样适用于电子邮件。给老板发邮件商谈事宜时，也可以对同事所付出的努力进行适当的赞美。

15

光有眼神交流还不够!

给每位同事准备一样小礼物，是展现温暖体贴最简单有效的方式。这个礼物可不是什么实在的物件，也不是花钱买来的，但是它弥足珍贵，能让每个人都觉得自己很特别。而且它是免费的！在交谈时，用眼神“锁定对方”，这就是我所说的礼物。

我们在交谈中，如果对谈话内容提不起兴趣，或者觉得不自在的时候，会避开眼神的交流。缺乏目光接触通常释放出厌恶、反感、敌意或者恐惧的信号。看电影时候遇到恐怖的场景，人们常常会用手挡住眼睛或者看向别处，但是对于那些我们尊重、仰慕或者欣赏的人，人们会出于本能注视着他们的眼睛。你一定见过心满意足的父母充满爱意地凝视着自己的孩子，久久不肯挪开眼睛；也见过相爱的人注视着对方的眼睛，仿佛想永远这么下去。温暖的眼神交流代表着认可、欣赏、尊重和仰慕。

当你和同事互相注视着对方眼睛的时候，实际上有一种强烈的、察觉不到的力量在起作用。有一项发表在《知觉与运动技能》学术期刊上的研究，名为“眼球转动与注意力、思想和焦虑的关联”。研究表明，如果延长眼神接触的时间，人体会分泌出一种类肾上腺素的物质，这种物质会经由血管使人的心跳加快。聚精会神地看着彼此，会使两方都处于一种神奇的状态，好比两个大脑在互相扫描对方，同时还在处理听到的信息，并决定怎么看待对方和对他的言语感受如何。没有比眼神交流更有效的沟通方式了——电话、视频会议等电子通信方式更是无法与之比拟。

职场中的眼神接触往往意味深长，因为其中牵扯到很多因素。你和对方是竞争关系吗？他是不是一向对你比较坦诚？她是不是忌恨过你？谁更需要谁？另外，这一次接触中所发生的事情还会影响到下一次接触的气氛。一旦你学会了运用眼神接触这个有力的工具，从某种程度上来说，你甚至可以左右对方。据说雷纳德·伯恩斯坦只需要用眼睛和眉毛就能指挥整个管弦乐队。或许你碰到过个别老板也能用同样的方式驾驭整个会场：当他看向你的时候，你就知道轮到自己发言了；她翻了下白眼，你就知道这时候最好停下来；如果他表示赞许地点头，你则会继续说下去；她眯了眯眼睛，你就觉得有必要替自己辩解一下。

遗憾的是，在工作场合，我们有时候不得不掩饰自己的真实情感。从全局谋略的角度出发，哪些情感应该表现出来，哪些应该隐藏起来，你心里必须有数。然后你可以有意识地去练习控制眼球，从而通过眼神传递出你想表达的信息。记住，职场上的游戏规则和其他场合的并不一样。无论你多么不赞成对方的看法，无论对方的谈话多么无聊，你都不能表现出心不在焉或者不以为然的样子。巧妙地伪装能够显示出你的领导才能，也会让员工对你忠心耿耿。一旦你拥有了高超的眼神交流的技巧，你就会收获丰厚的回报，每个人都会支持你、尊重你。

有个非常前沿的科学领域，叫作“神经机器人学”，它将神经科学和人工智能结合了起来。这个领域的科学家们可没有小觑眼神接触在情感方面的重要性。他们投入了数百万美元，试图使机器人能像人类一样进行眼神交流。但到目前为止，这方面的研究还没有取得进展。再想想看，我们可以不花一分钱，就能轻轻松松地做到！下面将要介绍的技巧，在使用时，需要发挥你的想象力，它能让老板和同事们觉得你不仅对他们的谈话有兴趣，听得津津有味，而且还渴望听到更多内容。注意，在挪开眼睛和回头继续看的时候，要控制动作的速度。

小技巧 17

锁定眼神

与同事交谈时，想象在你的眼球和对方的眼球之间有一条绷紧的橡皮筋。当眼睛不得不看向别处的时候，要慢慢地，很不情愿地挪开，仿佛扯不动那根橡皮筋似的。即使在视线移开时，也要表现出听得很专注、若有所思的样子。然后再飞快地看回来，殷切地注视着对方的眼睛，仿佛在迫切地等待对方说下去。

这个小技巧非常管用，不仅能帮你在职场中获得盟友的支持，还能赢得敌人的好感。另外还有个好处：如果不说话时，你也能注视着对方的眼睛，这会让同事觉得你是个很有见解的抽象思维者，相比形象思维者，抽象思维者更容易吸收整合性的信息。关注抽象概念，而不是关注个人观点和主观情绪的个体，你不会轻易地受到对方高强度的眼神接触的干扰，因为你的大脑忙着处理抽象概念呢。

同时和几个同事交谈

下面的小技巧，你在参加会议或者小规模讨论时可以用到，它会把你塑造成一位面面俱到的领导者。

小技巧 18

眼神兼顾多人

时不时地将视线从发言者那里挪开，关注一下其他听众。这会让大家觉得，你对整个形势有全局性的把握，同时还在不断捕捉细节来充实自己的理解。除此之外，你看起来还像个评估者，员工听得怎么样，反应如何，你都在做判断。友情提示：动作不要太夸张，否则会让大家感到毛骨悚然！最后一条好处：被你注视的员工能感受到你的关心。

不同文化中的眼神交流

要是最后这一条我忘了提，那真是太疏忽了。毫无疑问，你应该知道同样的眼神在不同的文化中有着不同的含义。在有些亚洲国家，直接的眼神接触并不代表坦诚、自信、好奇和直率，这一点跟西方文化有所差异。相反，这些国家的人们认为炽热的眼神是对别人的不尊重，是粗鲁的表现。尽管我意识到了这种差异，但是有一次在新加坡做讲座的时候，还是感到有些惊讶。因为我是讲授者，学员们就把我当作“权威人物”来看待。因此，单独与我对话的时候，他们犹犹豫豫的，不敢直视我的眼睛。要不是我本来就知道东西方的文化差异，我恐怕会认为他们不喜欢我，或者觉得我的话题索然无味呢。

大家要理解这一点，如果你的亚洲同僚跟你的眼神交流比较少，并不是说他们不尊重你。事实或许刚好相反！美洲的土著居民就是如此，避开眼神接触是尊重的体现。事情好像越来越复杂了：法国人的眼神交流就多得多，他们甚至不放过街上遇到的陌生人。而在伊斯兰国家，你应该避免跟异性有目光接触。

底线：与来自不同文化的人会面之前，国际舞台上的大咖们会尽可能地收集一切有关文化多样性的信息，以做到有备无患。记住，每次对着镜子的时候，不妨注视自己的眼睛，这是锻炼沟通技能的终极必杀技。

下面我们来聊一聊如何通过言谈展现你对他人的关心。

16

如何既坚守原则，又与人和睦相处

一位人力资源专业人士教给我一个小技巧，它的效果近乎神奇，能让你与同事每天相处得更友好，你甚至会觉得那些刺头们也不那么讨厌了。人在江湖，身不由己，在每天工作的几个小时里，你不得不面对各种各样的同事，爱发牢骚的，喜欢八卦的，动辄大喊大叫的，而这个技能正好帮你免于这些人带来的烦恼。

曾经有一家公司雇佣我，请我帮助他们的员工走出沟通不畅的困境，那是我第一次见识到这个小技巧的威力。萨凡娜是这个公司的人力资源部主管，成功地赢得了员工的爱戴，每个与她共事的人都很尊敬她。她的办公室可谓门庭若市，来来往往的都是紧张兮兮的员工，过来向她诉说他们情绪上的巨大波动。这些员工相信萨凡娜一定会替他们保密的，于是在征得他们的同意之后，萨凡娜邀请我参与到其中。我听到的牢骚五花八门，比如：

“老板每过一秒钟都会扫我一眼，我觉得她的名字改成‘事事管’更合适。”

“就我的岗位来说，我觉得我的薪酬太低了。”

“他把很多活都推给了我，而且还在变本加厉。”

当然他们也会抱怨同事做事马虎，没有礼貌，没事就说人闲话，喜欢恶搞，整日喋喋不休，嗓门太大，爱发牢骚，等等。有位员工甚至说她想把同事给推到电梯井里面，真是令人毛骨悚然。

我陪同萨凡娜给员工做了几次思想工作，开导完之后，他们的情绪稳定了很多。我忍不住对萨凡娜表示出赞赏，“你真的太棒了。公司能有你这样的领导太幸运了。”接着我冒昧地问了一句，“你是如何成功应对层出不穷的问题的，有没有什么诀窍？”

萨凡娜先是对我的夸奖表示感谢，然后回答道，“嗯，其实我反复做的就一件事，而且特别简单。当员工跟我陈述问题的时候，我不仅用耳朵听，眼睛也在细致地观察，去了解他说话时的情绪。只有觉察到对方内心隐藏的情绪，我才能够正确判断他的情感状态。”

“能举个例子嘛？”我问。

“嗯，大部分过来倾诉的员工对自己的领导都感到不满，或者因为公司的某项规定、某个客户而大为光火。也有很多人抱怨某个同事简直让人崩溃。无论是哪种原因，开始的时候我一般不会随便说话。我只是一边倾听，一边观察。当我了解到他们的感受之后，我才会开口，但也仅仅是关注对方的情感状态。”

我觉得她用的这个技巧非常有趣，就好像魔法一样。于是我把这一招命名为“萨凡娜的秘密配方”，并且每次陪同她工作的时候，我都会留心她是怎么使用这个技巧的。果真，每次她听完近乎抓狂的员工们的抱怨之后，她一般会这样回答……

“我知道那一定很让人心烦意乱。”

“这也太令人恼火了。”

“我理解你为什么这么苦恼了。”

“的确，这让你大失所望。”

萨凡娜不停地用言语表达出对员工情感的理解和共鸣。安慰完之后，这位一流的沟通方面的专家才会用上人力资源管理的传统方法。虽然你并不是从事人力资源管理工作，但是这个技巧也能让你从中受益。你会惊奇地发现，它能帮助你建立和同事的友好关系，而且简单易行！

小技巧 19

陈述对方的情感

多数人在烦躁不安的时候会一直喋喋不休，其实只是希望你能理解他的焦虑。你可以认真观察他们的情绪，偶尔表达对其感情的认可，这样他们就已经得到了想要的东西：你的理解，你的同情。但是你也不能同情得过了头（我听说有人会这么做，结果适得其反）。在听对方诉说时，间或而并非总是关注对方的情感，你才能在两者之间建立一种连接，同时又能做到全身而退。你也无须对整个事件的经过发表自己的看法，从而避开很多不必要的麻烦。

17

职场中，赢得大家喜爱和赢得大家尊重，哪个更重要?

与咨询我的客户闲聊的时候，我有时候会问他们这个问题。许多人会说，“被大家尊重最重要。”这么回答的人难道意识不到他们的头顶上有层厚厚的玻璃天花板吗？这里的玻璃天花板和性别、种族并无关系，而是由同事之间隐藏的敌意造成的。那些奋进向上的人，十分费力地沿着光滑的坡面往上攀升，但因为平日对其他人漠不关心，他们的身边围满了巴不得看到他们摔下来的人。有些人则回答道，“大家喜欢才是更重要的。”但是为了赢得大家的喜爱，有时候你不得不让步，放弃自己的原则。一个强有力的领导者是不会这么做的。不过，我敢保证，有办法能让你既获得同事的尊重，也能让他们喜欢上你。

鱼和熊掌如何兼得

在讲座上提出“喜爱还是尊重”这个问题时，我有时候会问学员们，“你们有没有遇到过这样的领导，奖惩分明，你很尊重他（她），同时也很喜欢他（她）？”举手回应的人寥寥无几。然后我接着问有没有人愿意跟大家分享他们的经历。有一次讲座上，一个叫桑娜的年轻女子自告奋勇站了起来。我特别欣赏她，而且印象非常深刻，因为那次讲座是公司的内部讲座，所有参加的学员都在同一家公司工作，愿意与同事分享个人的经历真的需要双倍的勇气。

桑娜是一名销售员，在一家生产促销赠品的公司工作。开头桑娜给我们讲了她去年在之前的一位上司手下干活，简直生不如死。“每个月收集所有团队人员的反馈，然后把这些针对产品改进的建议写成报告交给老板，这是我工作的一部分，”她说，“我很喜欢这项工作，一直以来，我的写作水平让我引以为豪。实际上，我大学时候读的是英语专业，那会儿就一直梦想着自己的作品哪一天能出版。”

“第一次提交报告，我的上司就给出了负面的反馈，以至于我开始质疑自己的写作能力。他把我叫到办公室，咆哮了一通之后，把报告往办公桌上一扔，丢到我面前。纸上密密麻麻的，全是红色马克笔标记出来的要修改的地方。报告两边空白的地方写满了批评，全是不屑的语句，比如，‘太花哨’‘恶心’‘写得太差了’‘含糊其词’。我整个人都崩溃了，觉得自己没有任何写作的天分。我问他下一步应该怎么做。他吼道，‘如果我是你，我会全部重写一遍’。”

接着，桑娜的脸上突然绽放出灿烂的笑容。“没几个月，那个上司就被开除了。”学员们都欢呼起来，很显然，桑娜说的是谁大家都知道，并且感同身受。

我觉得她的故事非常吸引人，但是也有些困惑，因为我的问题是有没有奖惩分明，值得尊重，同时又让人喜爱的领导。“你的意思是，他这样处理问题，你仍然尊重他，喜欢他吗？”我问。

“哦，不是，”她笑道，“下一位接替他的主管才是如此。她叫达芙妮。”听到这个名字，其他学员点点头，笑了起来。桑娜继续说道，“嗯，我把下个月的报告递给主管之后，她把我喊到了办公室。

不用说，因为之前的经历，我比较紧张。但是她开口说的第一句话是，‘桑娜，报告写得漂亮极了。你写东西还真有两把刷子！’”

“我恨不得当场拥抱她！”桑娜大声说道，“听到新主管这么夸我。然后，达芙妮跟我解释说，很遗憾的是，生产部门所需要的是重点突出、平铺直叙的报告。她把我叫到办公桌边上，跟她并排坐下来，然后一起找出我报告里的问题。她完全不吝惜自己的时间，确保我对她所说的每一点都已准确了解，然后我们把所有的点进行了归纳总结，并按重点进行了排列。

“会议结束之后，达芙妮告诉我，她觉得我把写作的天分浪费在写无聊的公文上非常可惜。‘但是公文的写作体例就是这样，没办法啊，’她耸耸肩。我也赞成她的说法。

“总之，达芙妮非常棒，能令她满意，我心里高兴极了。从那以后，我工作特别卖力，对此她非常感激，并且会经常向我表示感谢。”

我会心地笑了，因为我很清楚达芙妮用了什么样的方法赢得了大家的尊重和喜爱。她纠正下属的错误，但是绝不会践踏他们的自我，这个方法我很久以前就听说过。虽然我已经记不清是从谁那儿学来的这个技巧，但是我还是要谢谢他（她），因为它一直能派上用场。我称之为“汉堡法”。

屡试不爽的技巧

下面我要讲的方法，是给出建设性批评意见和反馈的最佳方法，而且它的优点很多，使用范围不仅仅限于领导们。用来应付令人讨厌的同事或者让人恼火的恶习，同样有奇效。方法是这样的：

想象一个大大的美味多汁的汉堡。上面是一半松软的圆面包——

下面是肉，这才是汉堡的重点所在；或许中间还有些点缀的蔬菜，比如生菜、番茄和洋葱。但是其实你买汉堡就是为了那块牛肉。最下面，是圆面包的另外一半。（如果你是个素食主义者，你可以想象把汉堡分成三层，第一层是“好的”，接着是“不好的”，最后又是“好的”。）

在桑娜那个故事中，最上面一层是上司夸奖她的写作水平。然后是“肉”，即如何正确规范地写一份报告。最后达芙妮用另外一半松软美味的圆面包结束了跟桑娜的谈话。

小技巧 20

汉堡法

当你不得不批评同事的时候，第一步：应该针对你想要对方改进的地方先提出表扬，表扬要具体。第二步：给对方“肉”，即指出对方哪里有待改进。第三步：再次给予赞扬，结束谈话。

假如对方需要你好好跟他（她）谈一谈，那么夸奖时不妨多说些他爱听的话。这就好比汉堡里的番茄酱、芥末、奶酪和洋葱。如果对方令你不满的地方不止一处，那么最好在两块“肉”之间再夹一块面包。这就是个“巨无霸”啦！

不是老板，也同样有用！

这个技巧也可用来很好地对付同事们那些恼人的坏习惯。我要给大家讲讲 20 年以前，我第一次用上它的经历。有一家我提供咨询服务的公司，他们只有一台电脑是闲置的，放在一个空的办公隔间里，于是我就用上了。

在毗邻的隔间里办公的是位女性，她特别喜欢唱歌，工作时也会情不自禁地哼唱起来。一度我快被她逼疯了，“实在是受够了。不能这样下去了”，我这么想。这位邻居心里只想着她自己，我能预见到抗议或许并没有什么好结果。我绞尽脑汁，想着该怎么对付这个烦人的家伙，这时候突然想起来我在哪里读过的“汉堡法”。

在午餐间又遇到这位同事的时候，我先是夸赞她的嗓音非常甜美。听到这话她分外激动，兴高采烈地告诉我她一直在上声乐课。接着我们随便聊了聊，直到此时我才提到有时候我能听到她唱歌的声音。我不好意思地说道，“你的歌声真的太好听了，听着听着我就没法专心工作了。”然后我打趣地说，总有一天她会有自己的粉丝，她的歌声让粉丝们无法自拔，我还问她有没有把自己唱的歌上传到网上。

这招确实管用！我再也没有听到过隔间那边传来的歌声。我让她明白了我的意思，却并没有让她觉得难堪。从那之后，我在数百个不同的情境中使用过“汉堡法”。下次遇到类似的烦恼时，你也不妨试试看。你会领悟到它的奇妙之处的。

18

电子邮件的和谐

会上网的人一般都会有电子邮箱。而有电子邮箱的人，应该都收发过电子邮件。你已经掌握了电邮的沟通技巧，是吗？你能恰到好处地用文字把自己的想法表达出来，是吗？你的邮件从来没有触怒或伤害到任何人吗？也从来没有引起过误会？有没有人会对你的邮件过度解读，发现其中的弦外之音，虽然你本意并非如此？如果以上几条你都能做到，那我就不用再废话了。

然而真实情况是，收件人的的确确会曲解你的意思！读完收到的信息之后，他们处理这些信息，然后大脑会按照他们的主观意愿进行解读。从邮件的第一行到最后的签名，到过了多久你才回复，乃至这封邮件你抄送给了谁，你的每一句话都如同白纸黑字，一旦对方对你有所指责，它们都是铁证。（在你自己的电脑或者其他设备上删除邮件这个方法并不可行，哪怕是几个月甚至几年前的信息和邮件，好的 IT 部门也可以恢复。）你没有胜算。真的没有吗？

有的。你的邮件可能会点燃一个火花，在公司引起爆炸，但是有些方法可以让你避免这个局面。在这里我就不赘述各种技巧，因为网上的好点子真的太多了，比如：

- 优化电子邮件在移动设备（手机、平板电脑）上的阅读感受。
- 不要添加附件，除非对方有特别要求。
- 标题应该抓住重点，尽量简短（不超过35个字）。
- 不要在中间跑题。
- 段落要短小精悍，内容尽量简洁。
- 最好有要点。
- 所有的单词都大写会显得太夸张。
- 所有的单词都小写会显得幼稚。
- 不要涉及隐私。
- 如果没有打算“回复所有”，那么操作时要小心。
- 注意和对方的时差。
- 开启拼写检查和自动纠错功能。
- 周末或者下班时间不要发送工作邮件。
- 使用邮件密送功能可能会让对方觉得你鬼鬼祟祟的。
- 确认网络连接没有问题。
- 因为刚上班时收件人会收到很多邮件，所以不要在此时发送邮件，这样你的邮件才不会被淹没在堆积如山的信箱中。

好看的签字和签名

该说的都说得差不多了，不过我发现总有人到了结尾签名的时候把事情搞砸，所以我这里还是要叮嘱几句。如果是在公司发的邮件，那么邮箱自动生成的包含公司信息的尾注即可（如果收件人跟你合作了很久，很熟悉的话，其实连尾注也不需要）。你可以在尾注前打上简单的问候语，比如“非常感谢”“谢谢您”“祝安”等。在签名处不要使用过于浮夸的字体、图片、太亮眼的公司标志，或者那种得半天才能显示出来的图形。（一定有人给你发过这样的邮件吧，可惜没有“取消订阅邮箱”这个键！）

下面要介绍的这个小技巧是我的独门秘籍，它既能确保邮件的职业性，又能让它充满温暖的人情味。给客户、同事或者老板发邮件的时候，多数员工一开头就直接称呼对方，比如，“你好，海登”“嗨，海登”“嘿，海登”，或者简简单单的“海登”。而称呼对方名字是最能吸引收件人注意力的，所以绝对不能滥用，要把好钢用在刀刃上。你可以在讲到重点时称呼对方名字，以得到他的关注；或者在邮件最后称呼对方名字，以增强双方的情感联结。

在人群中听到有人呼喊自己的名字，他（她）一定会打起精神，竖起耳朵；同理，当邮件的最后冒出自己的名字时，他（她）也会给予额外的关注。比如你希望海登在截止时间之前能够给你答复，如果你在邮件里这么写，“星期五下午两点之前请回复我”，他或许会忘掉。为了凸显这件事的重要性，你应该直接在这句话里添上他的名字。“海登，我等待你的回复，下午两点之前”，这样他就会更加留心截止时间。

在邮件的最后写上收件人的名字，会让对方感觉到你的关心。你或许听过这么一句谚语，“自己的名字是英语中最动听的词汇。”所以你可以做点与众不同的事情，开头不直呼姓名，而是在邮件的末尾写道，“与你共事非常开心，海登。”或者“期待着你的回信，海登。”

小技巧 21

称呼对方名字，让重点更加醒目

对写信人而言，在邮件中称呼对方名字是有好处的。如果你想突出某个重点，你可以在重点语句中添上收件人的名字。另外，在邮件的最后称呼对方名字，能够让正式的办公邮件不那么冷冰冰，更富有人情味。

没有表情符，邮件同样充满活力

几乎没有人心里不喜欢表情符，爱心形的，小猴子图案的，头上长角的，表情惊讶的，无可奈何的，等等。没有这些滑稽可笑的表情符之前，我们究竟是怎么表达感情的？在当今这个时代，与其说使不使用表情符是代沟问题，还不如说它象征的是职业素养上的差异。虽然说我们所处的时代正在经历日新月异的变化，但是仍然有很多人认为，使用表情符是词汇贫乏的表现。那么，热衷于表情符的职场人士应该怎么做呢？

有这几条需要注意的：与职位比你高的人沟通时，不要使用表情符，除非他先用。与其他公司的职员通过邮件商谈工作时，也不要使用表情符，哪怕是好朋友也不行。如果你的邮件被发送给其他人，这会影响你和你公司的声誉。（私人沟通时，也不要给在 1980 年以前出生的人发送表情图，除非你非常了解对方。）最后，我要说说表情包的升级版——动图。在工作场合给别人发送动图，会产生太多不好的影响，所以，请你忘记它们的存在吧。

那么表情包的低配版——感叹号可以用吗？过多地使用表情包，已经钝化了人们的感官能力，也有很多人在邮件中频繁地使用感叹号。如果一封电邮中有超过一个或者两个感叹号，收信人会对你的语言水平表示怀疑，认为你无法正确地用语言表达自己的情感。一定要控制感叹号的使用频次，遇到表达方面的困难时，不如多用用电脑里的近义词词典。词汇量大的人，通常会让人觉得更富于创造力，更有文化，也更聪明。想想看，只要点点鼠标，屏幕上就会弹出很多可供选择的词汇，你可以从中选择合适的词，恰如其分地表达自己的想法，既不需要表情包，也用不着感叹号。何乐而不为呢？

19

工作中是否应该一再忍让？

有些员工特别渴望得到大家的喜爱，以至于委曲求全，在沉默中煎熬，不为自己发声。举个例子，关于办公条件的抱怨，我听过不下百遍，而且多数是有理有据的。

“洗手间里总是没有厕纸。”

“这里冷得像冰窟窿一样。”

“空调的噪音真是吵死人了。”

“这椅子坐着跟石头一样，硌人。”

第一步，先问自己，“这种情况我能否忍受？能不能把不满咽下去，消化掉，把今天的工作做好？”如果觉得可以，那么不妨一试，因为大家不会尊重牢骚满腹的人。但是如果工作条件恶劣到无法容忍的地步，你仍旧默默忍耐的话，那你跟鹦鹉波利所面对的处境就比较相像了。

你是不是没有听过波利，那只会说 14 种语言的鹦鹉的故事？那么让我来给你讲讲这只稀罕的鸟儿。有一个丈夫，深爱着他的妻子，为了庆祝结婚20周年纪念日，他四处寻找合适的礼物送给妻子。有天他出门溜达，经过一家宠物店，一只鹦鹉冲着他尖声叫道，“你好啊，我会说14种语言。”

“什么？”这个男人大吃一惊，高声叫嚷着，转过身来。

“是啊（此处为法语），”鹦鹉用法语回答道。

“你……你是认真的嘛？”男人问道。

“当然喽（此处为意大利语），”鹦鹉又说起了意大利语。

“不可能！”男人叫道。

“千真万确（此处为西班牙语），”鹦鹉反驳道。

男人快速跑进了宠物店，问店主这只鹦鹉要多少钱，“五千美元，先生。”

“五千美元！”男人尖叫道。

“是的，没错，”店主回答，“因为她是世界上唯一一只会说14种语言的鹦鹉。”

“好吧”，男人暗自思忖，“我的妻子对语言很感兴趣，20周年纪念日礼物就是它了。”

“行，”他叹了口气说道，然后开出了一张大额支票。他把波利（全名是伶牙俐齿的波利）装好，夹在胳膊底下，带着战利品回家了。他决定把波利的架子安置在厨房水槽的正上方，这样妻子购物回来的时候一定能看到这个稀世珍宝。可是就在放架子的时候，他突然想起来没有买鸟食！狠狠地拍了下自己的脑袋，他飞奔回宠物店。

等他再回到家的时候，妻子已经回来了，在门口迎接他。她张开双臂，抱住丈夫，大声说道，“真没想到你还记得我们的结婚纪念日，居然还为我准备了那么好的礼物，我太惊喜了！”男人咧开嘴，高兴地笑了。妻子继续说道，“亲爱的，你记得我非常喜欢吃山鸡啊。”

“山鸡？”男人倒吸一口冷气。

“对啊，”她回答道。“我已经把毛拔了，肚子也弄干净了，调味馅料也填好了。烤箱正烤着呢，半个小时就可以吃了。”

“你把它怎么了？放哪里去了？那不是山鸡，”他咆哮道，“那是一只鹦鹉，一只身价五千美元的鹦鹉，它会说 14 种语言！”

“天哪，真的吗，”妻子答道，“那为什么它从始至终不说话呢？”

你多半能猜出这则寓言中所蕴含的道理：如果不表达自己的看法……嗯，我并不是说你这个傻瓜也会像波利一样，被烤了吃掉。我的意思是，如果有问题，但是却不向相关人员反映的话，大家首先想到的是，“你这个呆瓜，为什么不说出来呢？”下面要介绍的技巧，直截了当地说，就是……

小技巧 22

要么忍耐，要么闭嘴，要么说出来

下次当你忍不住又想发牢骚的时候，请先停住，考虑考虑再说。你能做些什么改善目前的状况？如果有，请立即去做，不要犹豫。如果束手无策，请把问题反映给上司——不是抱怨，而是客观地提供信息。同时，你也应该提出一些富有建设性的解决方案。

20

工作中能否结交好友？

哇哦，这可真是个大难题。我们都需要朋友，朋友让我们的生命充满了幸福感和满足感。上班时有朋友在左右，一天的工作也不那么辛苦了。实际上，朋友（这里指的是在现实生活中认识的，并且经常接触的有血有肉的朋友）是人生中最重要的快乐之一。你是如何定义真正的朋友的呢？多数人认为，真正的朋友是那些你能分享自己内心最深处想法的人，是能让你吐露梦想的人。无论发生了什么，真正的朋友都会陪伴着你，发自内心地为你考虑。

现在，再想一下跟你共事的人。你觉得向他们吐露心声，坦白自己的梦想，会不会有一定的风险？你觉得有多少同事会一直陪伴你，无论发生什么？如果出现了你推我搡的竞争局面，他们是会优先考虑你的利益，还是自己的利益？

有时候，我们很难判断谁值得信任。我在开设的讲座上，不知道听过多少尔虞我诈的故事，同事们伪装成好友的样子，但是在关键时刻却落井下石，毫不犹豫。有个叫巴莎的学员告诉我，做第一份工作的时候，有一个女人经常帮助她，于是她们成了非常要好的朋友。“熟悉了之后，”她说道，“我会告诉她一些隐私。我甚至向她吐露了自己曾经酗过酒，还告诉她嗜酒者互戒协会真的是我的福音，因为它真的帮我把酒给戒了。”

巴莎接着说，“之后的一周，大概五六个同事边吃午饭边闲聊，这时候有个家伙问我，‘嘿，你现在还会参加嗜酒者互戒协会的活动吗？’我当时恨不得找个地缝钻进去，因为上司刚好也在场，而且他之前对此一无所知！所谓的朋友把我的隐私搞得人尽皆知。”

时间飞快，十年前我的建议是，“尽量把你的社交生活和工作分开。”但是，在今天日益发展壮大的公司中，我的这个观点让大家觉得不可思议，而且很多公司往往还会有目的地促进员工之间的友谊。为了能最大限度地发挥千禧代、X世代和Y世代的才能，聪明的用人单位在做好数字基础建设的同时，也在创造良好的工作空间，鼓励同事之间的合作，让员工平衡好工作和娱乐休闲活动。具有前瞻性的公司认识到友谊是人类的根本需求。一起开怀大笑，一起娱乐，通力合作——享受同事之间相处的乐趣——但同时你也要听得进告诫，不要向同事透露太多自己的私生活。

如果在公司的级别不同，那么同事之间亲密的职场友谊无异于自寻死路。几个月前，一个叫西耶娜的学员，问我课程结束之后她能不能跟我谈几分钟。西耶娜是一家化妆品公司市场部门的主管，手下员工全是女性。她说她有个问题要问我。“当然可以，西耶娜，说吧。希望我能答得出来。”

“好的，莉尔。经过总部的批准，我可以将一名直接下属晋升为团队领导人。我觉得琳恩是最合适的人选，她非常出类拔萃。她富有创造力，总是能准时提交报告，执行力也很强。但是是否该提拔她，我拿不定主意。”

“干吗不提拔？”我问道。“嗯，”她接着说道，“休息时，我跟琳恩聊得比较多，我们经常在公司的餐厅一起用餐。在业余时间，我们也成了好朋友。”

“哎，”我心想，“又是同样的问题。”

“好吧，现在我和琳恩每个月会一起去阿普比餐厅吃几次饭。上周吃饭时，我感觉到餐厅里有几个女人盯着我们看。我望过去，发现其中有三个人是我的下属。我一抬头，她们立刻啃起了手里的三明治，装作没看到我们。现在我有些犹豫，担心提拔了琳恩之后，大家会觉得我任人唯亲。”

我告诉西耶娜我理解她的感受，但是我对她工作中微妙复杂的关系所知甚少，因此没办法给出建议。

我把她的故事分享给大家，是希望大家遇到类似的情况，可以三思而后行，看起来同事之间的友谊很不错，但其实它会影响你的判断。我们都需要友谊，想必正在读这本书的你，也知道职场正在发生着急剧的变化。专家们所说的“社交型人力资源”，是指你和同事们，从某种程度上来说，就像“一家人”。听起来的确很吸引人，但是和同事走得太近有它的危害，尤其是当两者的等级存在差别时。同事们相处得和睦融洽固然是好，但是也要谨言慎行，不能拉帮结派，散播八卦，胡乱猜忌，也不要向对方透露太多的隐私——如果全公司的人都知道，你就会觉得不自在的任何事情。

小技巧 23

工作中要注意保护隐私

随着公司内部交流变得网络化、虚拟化，现实世界中的交流显得弥足珍贵，但是要注意保护好自己的隐私。不要告诉别人自己的秘密，也不要向同事透露自己的弱点。犯下这种错误而最后以悲剧收场的故事，我听得实在是太多了。暗箭伤人，诽谤中伤只不过是冰山一角而已。与他人建立彼此信任的关系的确很美好——但是防人之心不可无啊！

你可以用我们在上文提到的所有技巧，在工作场合展现出你是一个关心他人的好同事。小心地呵护每一个人如蛋壳般脆弱的自我；让你的微笑变得更具有内容和感染力；说出对方的感受以实现两者情感的连接，该夸奖别人的时候绝不吝啬你的赞美；让你的电子邮件既专业又不乏人情味；与同事交谈时，应该将身体整体朝向对方；当然了，一定要用上眼睛，那是最强有力的交流工具。用这些方法与同事相处，却又不能走得太近，毫无防备之心。你要知道，“弱肉强食的企业丛林”这个短语可不是无中生有、凭空杜撰的！

21

根本性的需求

下面将要讲到这个话题比较敏感，在讲之前，我想先跟读者们谈谈自己对于肢体接触的一些深刻感受。轻轻拍下背，友好地抚弄对方的头发，像哥们儿一样碰碰肩膀，女孩子亲昵地挽着胳膊，兴高采烈地举手击掌，女职员不经意之间触摸到女同事的手，这些都是肢体接触。在我们的生活中，肢体接触是一股特别强大的极具穿透力的力量。人类有肢体接触的需求，实际上，当人类还在母亲子宫里的时候，就有这样的需求。十月怀胎，婴儿呱呱坠地，但是这种需求并未就此停止。一声啼哭，一个新生命来到了这个世界，他（她）拼命地挥动着双臂，而这个新生命的健康成长离不开肢体接触。温暖的抚摸，听起来是很简单的事情，科学却证明它能够决定孤儿院的孩子们的生死，并且在人的一生中会一直产生影响，直至死亡。养老院的数据表明，肢体接触对于老人的健康状况、幸福水平和寿命的长短也有显著的影响。

由于我对这个问题非常关注，所以在结束这部分的讨论之前，我还是想多说两句。研究表明，医生富有同情心地触摸病人，那么病人会认为医生陪伴的时间是实际时间的两倍。还有研究表明，如果学生能够获得某种身体上的鼓励，比如老师拍拍他们的背，或者触碰下胳膊，那么他们主动参与活动的可能性会更高。牙医看病时，如果能用手给病人擦脸，那么就会得到更多病人的推荐。另一项研究中，护士们在女病人进行脑部扫描之前，必须告知她们将被电击。核磁共振成像显示，那些感到害怕的病人，在接受了护士的轻抚之后，恐惧明显有所缓解。我在这里喋喋不休，其实只想说明关键的一点：触摸的力量无比强大。触摸至关重要。触摸是人类的根本需求。但是在工作场合，绝对不可以和同事有肢体接触！道理简单明了：不要触摸同事。

在 20 世纪 90 年代掀起的反对毒品运动中，人们的口号是“对毒品说不”。这个口号起到了很好的震慑作用，而早就该兴起的反性骚扰运动，直到今天才得到人们的关注，我们反对在工作场合有任何形式的身体接触，无论动机如何。女性必须遏制住自己的自然本性，不要在工作场合以任何身体接触的方式来安慰别人，比如抱住朋友等。男性们，你们甚至得抛弃拍拍背、碰碰拳头这种“哥俩好”的身体接触方式。至于不同性别的肢体接触，哪怕你是出于单纯的动机，也绝对不可以！

小技巧 24

“禁止触碰”

你可以用眼神、微笑和温暖的话语来表达情感，但是身体的触碰是必须避免的。想象每个同事身上都贴着“禁止触碰”的标签。在工作场合，你只能与同事友好地握手，至于其他象征着友谊的举动，留给不在一家公司工作的朋友们就好。工作时间，禁止触碰。这一点无须多言。

下面一部分的内容围绕职业成功的第三个关键性因素展开：如何清晰地表达自己的想法，如何正确理解同事所说的话。

第三部分

清晰明确

Part Three

商店给顾客购物小票就是为了让顾客搞清楚自己买了些什么。
在工作中，如果你想让一切事情都清清楚楚的，
你得有张“购物小票”才行。当然不是纸质的小票，
你应该有目的地等待对方的答复，肢体的答复也好，
言语的答复也好，只要他“明白了”就行。
优秀的沟通者不仅能清楚地表达自己的想法，
同时也确保对方理解了自己的意思。

22

如何“看见”对方说了什么

在职场上，清晰明确的沟通是什么样的？这个问题好像很简单。不就是把情况告诉同事或者上司，他们懂了就行。然后对方再告知你一些事情，你明白就可以了。一切都没问题，对吧？

哇哦！那为什么大家在工作中还会遇到那么多沟通障碍呢？因为沟通是双向的，而你要负责的不止一面：你既是说的人，也是听的人。市面上关于有效沟通的书不下数百本，但是却没有一本书是关于如何去听的。我的意思是，如果让你掏腰包，用辛辛苦苦挣来的钱买本叫《如何在工作场合听懂同事说话》的书，你愿意吗？多半不会，因为听别人说话好像并不是很有趣。放心，我不会花很多篇幅在如何听上面，长篇累牍地强调它有多重要，多关键，多有意义，对结果的影响有多大——它是职场上的制胜因素。我们还是先来讲讲有趣的部分：如何交谈。

人类大脑的运转速度通常比说话的速度要快四到六倍，所以我们听人说话的时候经常走神，除非听到的是决定我们人生的重要内容。然而，如果想对谈话内容做出恰当的回答或者正确的响应，我们不仅仅得认真听，还得记！那么问题来了。埃德加·戴尔曾做过一项广受认可的研究，叫作“经验金字塔”，研究发现，遗憾的是，人类只能记住听到内容的20%。不过也有好消息，马上要讲到的小技巧正是以此为根据：既能听到，又能看到的东西，人类可以记住50%。相比听到的故事，我们能更多地回忆起电影的细节，原因就在于此。电影中有画面，有动作，有色彩，它们为声音提供了支撑。而这个小技巧就是，把对方所说的话转换成能“看到的”内容。把单一的听觉体验升级为视听觉体验。

当上司、同事、客户或者下属跟你说话的时候，想象眼前有两块微型屏幕——有点类似戴上笨重的增强现实眼镜。听对方讲话的时候，根据谈话内容创造出画面，仿佛能看见它，就如同脑海里在放一部电影。这样就没时间走神了，你思维的速度不仅没有变慢，反而是加快了！你把对方单调的语言变成了“3D影像”，如此一来，听的过程就不再乏味，而且内容也更难忘。

小技巧25

做一个视听相结合的听众

听别人说话时，不能光用耳朵，也要用上眼睛。想象有一台摄影机，将你听到看到的内容转换成了电影。这样你就不仅能更清晰地“看到画面”，听到的内容也会记得更久。而且这样做很有趣，因为你的想象力正在加班呢。

23

复述对方的谈话内容

这是人类的本能。同事说话的时候，我们老是打断别人，表达自己的意见，并且总有自己的想法。你就是忍不住。你聪明能干，脑袋转得也比他们说话的速度快得多，当然会不停地评判。没等对方的话说完，你已经得出了错误的结论，这样是有风险的。我的确可以告诫你，“等一下再评判”，可你知道这很难做到。遗憾的是，过早的评判是实现“清晰明确的沟通”双向道路上的障碍。下面我将介绍一种技巧，它能帮助你避开这个常见的沟通陷阱，同时，也能帮助你将自己的理解清晰地表达出来。

在使用这个技巧时，你需要转换一下角色。你不再是一名电影制作人，而是一名同声传译。将一门语言翻译成另一门语言很具有挑战性，但是从英语到英语那还不是小菜一碟。联合国的口译们在把西班牙语翻译成塞尔维亚语、斯洛文尼亚语翻译成斯瓦希里语、匈牙利语翻译成印度语的时候，可没空去想他们自己的看法和意见：他们只是把听到的内容用另一种语言表达出来。因此你可以这么做：听别人说话时，用更简单的语句——自己的语句，在心里默默地重复对方的话语！用自己的语句，把听到的内容逐句翻译出来。

比如有个自以为是的客户，从事制造业，说起话来拖泥带水，还总喜欢用一些华而不实的业内术语，“我们的策略是实现最大化。”你可以将这句话翻译成，“他想达到价格和产出的平衡，谋得最大利润。”

他接着说道，“差异化战略至关重要。”这时候你可以在心里念叨，“他是想把自己产品的优点和同行业竞争性产品的优点做个对比。”

他又说，“这是为什么我们要建立顾客电子资料库的原因。”翻译过后，这句话就是：“我的客户想广泛收集现有顾客的信息。”

“必须将以客户为导向的数据与我们的战略布局整合起来。”要想避免心不在焉，你应该在心里默念，“我们的计划必须考虑到消费者的需求。”

翻译完的句子更清楚明白，也更容易记住，因为你自己也说了一遍。你重复了一遍对方的谈话内容，只不过用的是自己的语句。这个方法还有个神奇的效果，就是能让人记得更多，更深刻。我们能够回忆起一大半自己所说的内容，却只能记得一小部分同事或者客户所说的话。

小技巧 26

做名同声传译

用自己的话语在心里默默地重复说话者的内容，这样你会理解得更透彻，记忆也更深刻。除此之外，这个方法还能有效地帮助你减少打断别人说话或者过早下结论的频次。对了，还有个有趣的地方——再遇到自吹自擂的家伙，你甚至都不会犯困了！

24

这是沟通的问题!

如果在工作中遇到了问题，全世界各国的劳动者们要么无奈地耸耸肩膀，咬紧牙关不发火，要么举起双手，气急败坏地说——

"Es un problema de comunicacion."（西班牙语）
"C'est un problem de communication."（法语）
"esistein problem mitcommunication."（德语）
"It is a communication problem!"（英语）
（以上四句话的意思都是"这是沟通的问题！"）

当国际谈判破裂，或者员工与其他国家的同事共事的过程中遇到了困难时，人们通常会把原因归咎于语言障碍。没错，语言障碍确实会妨碍交流，但多数情况下，问题的根源并非在此。好的沟通得有一个好的开始，说话者应该表达得清晰无误，并确保对方明白自己的意思。

需要亲自告知同事一些情况时，你得跟他们说话，对吗？说完之后，多数人认为他们已经清楚地表达了自己的想法。别着急下结论！说话可不是单方面的事情。举个例子，在接下来的十分钟里，你得向三名同事说明你的需求。你先是跟其中的一人说道，“请告知我客户今天有没有收到产品。”然后，你请上司在今天下班之前把客户的信息给你。最后，你让直接下属把上一季度的数据报过来。

马上就五点钟了，可你还是不知道客户到底有没有收到产品。另外，上司没有把你需要的信息给你，桌子上也没有数据报表的影子，等一下——你的确是用英语清楚无误地告诉他们你的要求的。说话时，他们有没有表现出不合作或者不友好？他们确实认为你今天需要这些材料吗？你或许会无奈地摊开手，觉得他们都是笨蛋。但是有一点是肯定的：很显然，在你的表达和他们的理解之间，出现了一些沟通上的问题。

反过来也有类似的情况发生。我们经常能听到上司沮丧地发牢骚，“这件事情我昨天就吩咐你了！”但实际上她并没有。或者恼羞成怒的同事抱怨，“你压根没听我说话。”你并没有反驳，因为那样太没礼貌，但其实你听别人说话时都很认真。

商店给顾客购物小票不是没有道理的，就是为了让顾客搞清楚自己买了些什么。比方说你在一家杂货店买了几样东西，慢慢悠悠地走回家去，到家之后打算来一块奶油夹心蛋糕。你打开购物袋，却没有找到奶油蛋糕！你决定跑回杂货店讨个公道，但出门的时候你瞥了一眼小票。上面没有奶油蛋糕！哎呀，原来是自己忘了买。白纸黑字，这是你自己的问题。小票是最好的证据。

在工作中，如果你跟上司或者下属讲完事情之后出现了问题，那么究竟是谁的责任就不好说了，这可能会引起更大的麻烦。在你看来明明很简单的事情，对方却没弄明白，你或许会傲慢地质问对方，“我说的话你听清楚了吗？”可如果你想让一切事情都清清楚楚的，你得有张“购物小票”才行。当然不是纸质的小票，你应该有目的地等待对方的答复，肢体的答复也好，言语的答复也好，只要他“明白了”就行。优秀的沟通者不仅能清楚地表达自己的想法，同时也确保对方理解了自己的意思。

在交谈的整个过程中，你得确保对方明白你的意思。把一块冷冻的牛排啪的一声扔到盘子里，别人怎么知道你的意思是要解冻、烹饪，然后再吃到嘴里？谈话也是如此。如果不把话讲清楚，你就等着看对方的嗓子眼被生肉给卡住吧。认真观察，留意有没有任何迹象能表明对方听懂了。要有足够的耐心，因为一时心急而最后导致对方的不信任、愤怒或者非难——“你从来没有说过啊”——是真正的得不偿失。如果看不出对方是否听懂了，你就得一直讲，直到对方明白。

小技巧 27

必须等到“我明白了”这张确认小票

轻轻点头，微笑，甚至只是一个眼神——这些迹象都表明对方听懂了，虽然他什么也没说。对方如果面带疑惑，歪着脑袋，眯缝着眼睛，皱起眉头，或者一脸茫然，这是没听懂时最普遍的表情，那么你可不能到此结束。你得继续解释，直到百分百肯定对方非常清楚地明白你的意图。说话时，眼睛要看着对方，注意观察，确认对方听懂了。

25

用心倾听

之前有个听觉障碍者的组织请我去做讲座，联系人提前告诉我，参加讲座的听众有不同程度的听力问题，有的部分失聪，有的则完全听不到。在讲座之前，对方邀请我参加了他们组织的情况说明会，以便更好地了解听众的需求。面对有听觉障碍的听众，语速得慢一些，麦克风的音量得调大一些，手势的幅度也要更夸张一些，并且得一直面对大家，这无可厚非。这些我自然都能想到，不过我无意中从听众那儿学到了一个非比寻常的技巧，在后来我与别人的交流中，这个技巧可帮了不少忙。

因为听众们都有听力障碍，所以他们会向我微微点头，表示听懂了；如果没有明白，则表现出一脸迷惑。我在前文中提到过这种非语言性的确认信号，当看到听众们真的如此反应的时候，那感觉真是好极了！事实上，这是我人生中第一次体验到这样的满足感，每个人都在认真听我说话。在讨论的过程中，哪怕只有一个人歪歪脑袋或者面带困惑，我都会不自觉地补充更多信息，或者用不同的话语把自己的意思再表达一遍，以确保对方听懂了。由于和普通人的对话我很少会得到这样的反馈，所以我特别感激这些听众们教会了我这么有用的技巧。

从那往后，我跟每个人说话的时候，都会及时地给予反馈：语言的或者非语言的。现在无论跟谁交谈，听懂了我会点点头，反之我会明显地表现出疑惑不解的样子，或者说，“不好意思，我好像有点没听明白。你能再说一遍吗？”这么做会让对方很开心——而且当你心不在焉的时候，这个方法还能替你打掩护！

跟同事或者下属说话时，他们面无表情地盯着你——你肯定遇到过这样的情况。你真想拍拍他们的脑袋，问一句，“哈罗，有人在吗？能听见我说话吗？你们是不是一个字也没听明白？”同时，你对这个人的看法也会一落千丈。

听不懂的时候不要装懂，人们并不会因此觉得你愚钝。相反，把交流的内容搞清楚，他们会认为你这么做很明智。

小技巧 28

释放出你听明白（或者没明白）的信号

同事与你交谈时，实现清楚明了的沟通并不是他单方面的责任，也是你的责任。同事、下属，特别是上司，都想知道你有没有完全听懂他们的意思——所以，不要只作壁上观啦！你得向对方发出信号。这不仅有助于双方实现准确的沟通，让你看起来更聪明，还能减少后续出现问题的可能性，不会听到那么多类似“是沟通问题啦”的抱怨。

26

世界越变越小，母语不同如何交流

越来越多的人有机会和那些来自世界上其他国家、英语是第二语言的人一起共事。这意味着要实现清楚准确的沟通，我们需要付出更多努力，但是这很值得。很多人以为，说外语的人只分两种，“会的”和“不会的”。其实没那么简单。花了几十年的时间学习外语（多半以失败告终），我才意识到外国人微笑、点头、假装自己听懂了其实是礼貌的表现。你又不能直接干脆地问，“嘿，你到底听懂没有啦？”还好，我们总有其他办法实现清楚的沟通，这就全看你的啦。

人们以正常语速用母语说话的时候，在外国人听来，他们说的就像是一个很长的词。因此，与第二外语是英语的同事打交道，方法其实很简单：语速放慢。要很慢，特别慢。你或许觉得这样说话很奇怪，但是对方并不这么认为。如此一来，他们不仅能明白你说的话，还会觉得辛辛苦苦学习英语所付出的努力没有白费。

小技巧 29

与英语是第二语言的人交流时，语速放慢

任何一门外语的学习，开始时都会让人觉得像天书。所以，与母语不是英语的人交谈时，你得放慢语速，慢到夸张的程度。这样对方会更想与你交流，语言障碍引起的误会也会更少。

沟通是双向的。如果对方的发音让你一头雾水，不妨温和礼貌地请他解释一下。清楚无误的沟通既包含信息的传达，也包含信息的接收——正如前文我提到的，这不是说话者单方面的责任。

说了那么多，下面我要讲讲例外的情况——又回到性别差异！无论你怎么说话，可对方就是听不懂，这种情况也会发生。很多女性跟我反映，跟男性沟通时，她们会遇到这个问题，而男性跟女性交谈时，也有同样的困扰。接着我们就来说说这个棘手的难题。

27

与异性交谈（其实跟说外语差不多）

男人和女人交流的方式不同，这点大家都知道。如果你对此有任何疑问，我强烈推荐黛博拉·坦纳（Deborah Tannen）的书:《朝九晚五：职场上的男性和女性如何讲话》（*Talking from 9 to 5: Women and Men at Work*）。但是你有没有察觉男性和女性倾听的方式也有差异？千万不要把本书接下来的内容看作对于某种性别的侮辱，我绝无此意。我只是就事论事，倾听的方式确实不是单一的，这是大家有目共睹的。如果是跟同性交谈，男女两种交流方式都没有任何问题，但当谈话的对象是异性时，麻烦就来了。

女士们，你们倾听时，会本能地给予对方反馈。实际上，很多女性在这时候像极了温暖的妈妈，她们给予孩子答复，让他们安心。即使在成人之间的谈话中，你也经常会点点头，表示听懂了，哪怕心里并不赞成。这点棒极了。这种积极回应式的聆听方式你可以继续运用到和女性同事的交谈中，这正是她所期待的。事后你可以向她提出不同的意见，但是至少要让对方知道你听懂了。

交谈对象如果是男性的话，事情就没那么容易了。我曾经听到过女人们抱怨，“跟他讲话简直是对牛弹琴！”我会给大家什么样的建议呢？你应该稍微含蓄一点，少释放点“我明白了”的信号。事实上，你有不同的想法，但他会习惯性地认为你点头就表示赞成。你可以先等他说完，然后再陈述自己的看法。用倾听女性的方式来对待男性，他会对你释放出的信号感到疑惑，更糟的是——他会觉得你这个人变化无常，难以捉摸。有没有解决方案呢？

小技巧 30

女士们，在跟男人说话吗？那就得像男人一样倾听！

女士们，在工作中与男性交谈时，你得切换成“男人们的倾听方式”。你点头示意听懂时，他会理所当然地认为（这是男性的沟通方式）你表示赞成。过会儿你开始反驳的时候，他又会觉得你这个人前后不一致。我听过男人们这么抱怨，“女人都反复无常。前一分钟还赞成你的说法，一转眼就反悔了。”为了避免给人留下这样不好的印象，在与男性交流时，要学着像男性那样倾听。

男士们，与同性交谈时，保持你本来的风格即可。对方会理解你的，因为你们反馈的方式都一样（嗯，其实就是没有反馈）。不过……

小技巧 31

男人们，在跟女人说话吗？那就像女人一样倾听！

男士们，在工作中与女性交谈时，就算你不赞成对方，也应该示意你听懂了。轻轻地点个头，用处可大了。等她说完时，再交代你的观点，哪怕双方的意见是截然对立的。这样她至少觉得彼此沟通过了。

下面这条建议适用于与客户的沟通，不分性别。当客户提出反对意见时，你可以理解地点点头，或者多说几句这样的话，“我明白你的意思”“我知道你想表达什么”。如此一来，客户会觉得你非常考虑他（她）的感受，也有了解决问题的办法。怎么解决？这取决于你要卖什么了！

到这里，沟通这个难题并没有完全解答完。没有语言障碍，也没有性别障碍，有时候你仍然不确定自己有没有把情况说清楚，因为信息比较复杂。下面我们就来解决这个麻烦。

28

怎样清晰表达复杂内容

想象一下，你要向临时替班的接待讲清楚她的职责。听起来简单吧。礼貌热情地接待访客，大大方方地接听电话，你是这么交代她的。好像并没什么很高深的东西啊。

再设想一下你在美国国家航空与航天局供职。这回你得向直接下属解释清楚若干步骤，如何加速无人机的抛物线轨道运动，同时保持零重力状态。问题变得复杂了。

等等！别着急下结论！这两项任务可能同样简单，也可能同样复杂，这取决于对象是谁。航空航天局的火箭科学家，智力通常都超于常人，但你吩咐他去做前台的活儿，他一定会一头雾水。虽然他既是科学家，也是工程师，但是你要求他说话彬彬有礼，待人温柔大方，这无异于痴人说梦。而对于那位新来的接待而言，除非她有物理学和航空航天学的进阶学位，并且参与了航天飞机固体火箭助推器和土星 6 号运载火箭发动机的系列研发项目，否则，加速无人机抛物线轨道，同时又保持零重力状态的操作步骤对她来说，真的是复杂伤神的工作。做任何解释说明之前，你必须对于听众有十分正确的认识，了解哪些是他们已经知晓的，哪些是他们未曾知晓的。

在日常工作中也需要传达信息，表达的难度多半介于上面我所提到的两项任务之间。但是，无论难度如何，其本质是相同的。除非你和某人共事了很久，对于他的知识储备有非常清楚的认识，否则就不要轻易去冒沟通不畅的风险，以免导致误会。

我一直不停地找寻有助于人和人之间沟通的新办法。现在我们生活的方方面面都有相应的小程序，所以我想或许技术能带来新的思路。于是，我参加了一个电子产品创业者的推广会议，创业者们希望新产品能成功地吸引风险投资。我在展厅内四处浏览琳琅满目的展品和标本，有些创意好像确实不错。我盼望他们能有好运，能有金主慧眼识珠，帮他们实现梦想。但听到他们跟投资者的谈话时，我心中的希望开始破灭了。

有一个展位推广的是虚拟辅助软件，可以帮助企业提供在线客户服务。展示者身边围了一群人，我走了过去，展示的人说话语速极快，并且夹带了太多的计算机术语。几分钟过后，一位潜在的投资人举起手来，说道，“不好意思，打断一下，你能告诉我网络智能聊天系统和真人客服究竟有什么区别吗？”

“哇，这个太简单了，”讲解的人暗笑道，“如果你想听，等会我再跟你解释。”接着他又开始滔滔不绝地讲起来，片刻也没有停下问问大家是否听懂了，或者有没有什么问题。那位投资者明显觉得难堪，于是走开了，其他的人也一脸疑惑，紧跟着离开了。我也离开了那个展位，心里琢磨着，如果展示者没有足够的沟通技巧，机智巧妙地回答投资者的问题，他怎么能研发出能和客户进行良好交流的软件？

那天在展会上，我并没有找到比人类更擅长沟通的技术发明。然而，我发现了更重要的东西——它让我更深刻地认识到，我们应该避免哪种沟通和讲解的方式，从而让同事理解自己的意图。首先，绝对不能傲慢！鼓励对方给予反馈，鼓励听众提问题。谁都不愿意在同事面前暴露自己的无知，所以你要帮他们卸下包袱，放轻松。“你懂了吗？”你肯定不愿意这么说，担心这样会让对方认为你在嘲笑他的智商。不过你可以用以下的语句——

- “听起来是挺难的。那我给你再多讲点这方面的情况好不好？”
- “看起来是有点复杂。你一定有问题要问。”
- “我第一次听别人讲的时候也稀里糊涂的。有问题你尽管问。”
- “好理解吗？请你告诉我。”
- 你甚至可以故作坦诚地说，“我讲得不太好。我换个方法再说一遍，好吗？”

如此一来，你不仅顾全了同事的面子，同时也能确保对方听懂了。在工作中，清晰无误的交流是非常重要的，决不能靠碰运气！

待对方给出答复后，如果仍旧不能确定对方是否听懂，你可以再深入一步，请对方重复所说内容。你可以这么问：“嗯，刚刚的信息量特别大。你能说来我听听吗？”

小技巧 32

向对方提问，或者请对方复述你所说的内容

无论跟谁谈论任何工作上的事，你都必须百分百地确保对方准确无误地理解了你所说的内容。想做到这一点，你应该鼓励对方提出问题，或者让他们复述所听到的内容。这样即便事情搞砸了，部门里也不会有人把原因归咎于“沟通问题”。

想要实现清楚明确的沟通，还有一个挑战——选择合适的时间与同事对话，与上司谈话更要注意时机的选择。接下来，我们将把注意力转移到这一点上。

29

时间就是金钱，尤其在职场上

职场精英会周密地计划自己的时间。无论你的问题有多重要，也不管你与同事的攀谈多么热情愉快，获取信息也好，传达信息也好，一旦选错了时机，结果通常不会尽如人意。假如对方很忙，那么她听你说话或许只是出于礼貌，并没有真正听明白。她甚至还会做出回应，但也只是敷衍而已，并没有经过认真思考，因为她压根就未听到心里去。许多写作商业文章的博主们早就领悟到了时间的重要性。他们的帖子通常以“三分钟阅读时间”“四分钟就能读完”这样的承诺开头，如果阅读文章所需要的时间超过五分钟，他们干脆省去类似的开头！多聪明啊！当你忙碌的时候，五分钟时间也会觉得久。

那么我们怎么知道上司或者同事刚好有空，能静下心来听你说话呢？之前我在书中写过，在所有沟通的讲座上也讲过这个技巧，叫作“交通灯观察法”。大城市的每个角落都有交通灯，这个技巧就是得名于此。红色代表着“停下来！不要再开了”，黄色的意思是说“哇哦，就要来不及啦。你最好快点”，绿色则是指“嗯，没问题。别着急，慢慢来”。有的交通灯甚至能显示确切的秒数，行人可以自行决定是跑过去还是耐心等待。

时间就是金钱，这个道理大家基本都懂，你不能一屁股坐到人家办公室的椅子上不起来，也不能冒冒失失地给同事打电话，喋喋不休地讨论事情。以“现在说话方便吗？”或者“能占用你几分钟时间吗？”这样的话开头，大家更喜欢。不过还有个问题。即使对方表示同意，你仍然不清楚他是有时间跟你详谈，还是巴不得你三言两语把重点说完，快点结束谈话。

对方忙碌的时候，你绝对不能径直走进她的办公室，从桌上拿起一摞文件开始谈事情。你不仅侵犯了她的时间，也从心理上冒犯了对方。这样一来，你说的话她能听进去多少？

这时候“交通灯观察法”就该闪亮登场了。有位职员，他的效率奇高，一天完成的任务比大多数人一周能做的事情还多。他告诉我，他把自己的办公地点告诉了公司的所有员工，并且表态，绝不会不合时宜地打扰大家。然后，他征得了同事和上司的同意，每次占用大家时间谈事情之前，允许他先问个特别的问题，“你现在的时间是什么颜色？”接着，他解释了颜色所代表的差异。

- “如果你的时间真的很紧，那告诉我红色。我现在不会打扰你，可以等你有空了再谈。”
- “黄色说明你比较忙，如果要谈事情，最好速战速决。”
- “绿色则是说，‘没问题，我现在空着。你过来吧。’”

这位朋友告诉我，同事们都很喜欢这个方法，尤其是他的老板，并且很快在整个公司流行起来。现在公司里几乎所有人都用这个方法，他说紧张的气氛明显有所缓解，同事之间的交流也清楚了许多。

小技巧 33

交通灯观察法

在公司引入“交通灯观察法”。我估摸你的同事们会很喜欢这个方法，尤其是上司们，他们经常感到气恼，因为时间常常被别人打断。问问大家是否愿意尝试。以我的经验，几乎没人会拒绝，你也会得到大家的理解和支持的！

在工作时我们还会遇到个恼人的问题——有些人说起话来滔滔不绝，几乎停不下来。你应该听说过匿名戒酒协会、匿名戒赌协会和匿名戒毒协会的十二步骤疗法吧，人力资源部门应该给这种说起话来就没完没了的人也专门搞个“匿名戒话痨协会”。下面我们就来谈谈这个。

30

越短越好，越短越清晰

我在讲座上提问时，多数人的回答都简洁明了，不过每回总有那么一个停不下来的。有的人非常迷恋自己的声音，你们公司可能也有一两个这样的家伙。

某个客户公司有位员工特别喜欢夸夸其谈，我参加过他们的几次会议，因此对此人记忆深刻。团队领导人问他们组，“完成这个项目有什么特别的困难吗？”塔克，一看就是这家公司的老员工了，清了清嗓子，插嘴道，“嗯，大家都知道，并不是我喜欢找麻烦，但是……”一两个同事暗暗笑出声来。塔克仿佛很享受有人听他说话的感觉，对于这点，大家也都心照不宣。只见他挥动双手，继续说道，“大家都不给我回复。我给生产部门、市场部门和销售部门发的电邮，没有收到任何回音。我只好又发了一遍，甚至第三遍？结果呢？没一个人给我任何反馈。于是我只好到处打电话，可电话也没人接。我只好……”

五分钟过去了，塔克还在喋喋不休，看起来没人能刹住这辆失控的火车。我觉察到，有些员工开始埋怨团队领导人没有掌控会场的局面，及时让塔克住嘴，白白浪费了大家的时间。像塔克这样的雇员或许真有点能说会道的本事，可一旦管不住这张嘴，能说会道就变成了偷盗——盗取大家宝贵的时间。

塔克还在口若悬河，我坐在那里，很想问他，“塔克，你怎么就不明白呢？说得越久，大家越不信服。你没发现大家伙根本不想听，嫌你扰乱了会议事先安排好的流程吗？下次开会，与会人员名单中如果没有你，也别觉得惊讶。”塔克想要表达的内容其实只要言简意赅的一句话就够了，“没人回复我的邮件，所以工作的推进有些困难。”

无论是会议上的发言还是休息室的闲谈，都应该遵循一个原则，我称之为“一分钟闭嘴原则”。

小技巧 34

“一分钟闭嘴法则”

说话时想象有个定时器，无论你的话题多有趣，等一分钟到了，就要把说话的机会留给别人。看一眼周围正在听的人，问道，“亚伦，你有什么想法吗？”或者“凡妮莎，你怎么看这个问题？”总而言之，时间一到就立刻闭嘴！适当地把发言的机会留给别人，形成好的习惯，这样等到你再次发言的时候，大家会更乐意听。

31

把“但是”踢得远远的

“是的……但是……”“好啊……但是……”这样的说辞你肯定经常听到，看起来前半部分是肯定的表达，但实际上是拒绝对方的提议。

这个句式结构会以不同的方法表现出来。举例来说吧，你将代表团队做一个汇报展示，在会议上把自己精心准备的内容分享给大家。为此你感到非常自豪，你觉得自己的展示一定会非常精彩，你很希望老板也能来听听。你邀请了老板，心里暗暗祈祷，盼望着他能答应你的请求。老板立刻回答道，“好的，可是那天我得出差。”他的语速如此之快，那一刹那你还未来得及享受“好的”这两个字所带来的愉悦，“可是”这个词就已经蹦了出来，你明白他实际上是拒绝了你。还有些其他的例子，是我亲耳听到有些上司说过的：

员工：“您觉得这是个不错的想法吗？”

上司：“是的，不过我们现在没时间顾得了那么多。”

员工：“您会认真考虑我的请求吗？”

上司：“一定会，但是目前我们有很多其他事情亟待处理。”

员工：“您觉得我的报告还可以吗？”

上司：“不错，可我交代的内容好像没有包括进去。”

“可是”说得太快，会立刻抵消“是的”所带来的肯定效果，仿佛给了对方当头一棒。假如上司这么说，“这真是太棒了，我也非常想去听你的汇报展示”，接着他稍做停顿，才又继续，“不过，那天我得出差”，你觉得两种说法有区别吗？换种方式表达，会不会让你没那么灰心丧气？

设想有个同事请你帮忙，但你只能拒绝她。你应该这么回答——

“这个项目我也想帮你的忙。”**稍做停顿**。“不过，我这边手头的事太多了……”

“我不介意周三午饭的时候帮你代班。”**稍做停顿**。“可是，我已经跟人约了……”

“我非常乐意把你引荐给我们公司的总裁。”**稍做停顿**。“今年我已经向她引荐了三个人，不过……，而且……”

上面的三个回答，不是张口就说“好的……但是……”，而是把拒绝放到句子的后半段，巧妙地弱化了否定。这才是正确的表达！

小技巧 35

把“但是”踢得远远的

应该用鼓励和欢快的话语代替“但是”，并且先用一整句话肯定对方。把“但是”放到接下来一句话的中间，前后做好铺垫。这样虽然拒绝了对方，但是别人会觉得你很友善。学会巧妙的拒绝，久而久之，会让你与同事之间的关系更融洽。

32

天气和成功有什么关系吗？

你感觉自己已经表达得非常清楚了，但对方就是无法领会你的意思，我曾经遇到过这样的情况，你肯定也碰到过。哪里都没问题，可对方就是不明白。比如，开会时出了岔子，汇报展示没人听，或者明明你向上司提出了请求，却没有得到自己心心念念的那个项目。

把失败归咎于别人，而不是在自己的身上找原因，这是人的通病。我曾经听到过员工抱怨说，没得到自己渴望的东西是因为“老板偏心”“同事背后说坏话”，或者“互相看不顺眼”；而一笔生意没做成是因为“某个同事从中作梗”“有人给客户提供了错误的信息”，或者“快递没有按时到达”。这样的例子数不胜数。但是很少有人敢把失败的原因推到老天爷的头上，就像我下面要讲的——科学研究支持我的观点喔！

几年前，一家公司有意聘请我为咨询顾问，考虑到将来可能会一起共事，他们问我是否有空去得克萨斯州与公司的管理人员会面。最后双方决定于下个周四下午三点钟见面。我乘坐的航班大概中午到达达拉斯，然后我租了辆车去酒店。下午晚些时候，我正准备出门的时候，却见天上乌云密布。在驱车前往公司的路上，大雨滂沱而下，天黑得就像夜晚。路况糟透了，喇叭声此起彼伏，我打开雨刷器，战战兢兢地勉强往前开。最后到达公司总部的时候，奇迹般地，只晚了 7 分钟。

到达之后，公司里下来了一个粗鲁的女人，到楼下大厅把我领到了会议室。走进去之后，映入眼帘的是一张长长的会议桌，边上坐满了面露愠色的男男女女，个个靠在椅背上，双臂交叉着。介绍我的时候，我注意到他们脸上的表情——看来今天想早点回家是不太可能了。每当外面雷声响起的时候，就会有几个人望向窗外的倾盆大雨。会议还没进行 20 分钟，就有不少人小声咕哝着表示歉意，然后就离开了，不用说也知道，他们直接钻进了自己的车里。不出意料，最后我没有得到那个职位。

那件事过后，我专门查阅了一些天气影响人的心理状态的文献。无论是商务午餐、面试还是会议，在这种人群聚集的场合，不好的天气都会产生不利的影响。首先，阴雨天气光线会不足。昏暗的环境会提示大脑分泌褪黑素——一种睡眠激素。这些都会让人昏昏欲睡。

与之相反，阳光会触发大脑中的某些化学反应，使人更加有活力，心情也更好。其中最有助益的是，阳光可以让大脑分泌血清素，它是一种能让人心情愉悦的荷尔蒙，也是抗抑郁药物的有效成分。但是阴天的时候我们的大脑可分泌不出那么多的血清素。

我去和人见面的那个周四，得克萨斯还特别冷，而低温对人的心情也有负面的影响。气温的降低会让体液循环加快，神经和关节压力变大，导致疼痛、僵硬和活动力下降。免疫系统的工作负荷也会相应增大，以保持体温，体内的能量被更多地用来维持体温，这会让人昏昏欲睡。那天参加会议的管理层人员，如果平时就有背疼、脖子疼等慢性疼痛，那么天气只会让他们感到更加不适。恶劣的天气把事情全搞砸了。

自从那次留心到天气的影响之后，我也注意到，在阴郁的天气与潜在客户会面，结果会非常糟糕；听众们对讲座的反响也更差。总而言之，天气不好的时候，无论是产品还是服务，乃至于你本人——看起来都没那么吸引人。

想要实现清楚、成功的沟通，我有怎样的建议呢？显而易见，我们无法改变天气。但如果有重要的会晤，午餐会面、汇报展示、面试或者会议，那么在确定时间之前，你最好先看看天气预报。

小技巧 36

成功的计划表

假如天气看起来不太明朗，可能的话，改变计划，把事情安排到天气好的时候。选择一周中天气最佳的那一天，可以增加成功的概率。如果日子已经定下来了，但是那天可能会下雨，气温降低，或者光线不佳，最好重新安排时间。天气的确会产生影响，请认真对待。

下面我们将过渡到成功的另一个要素，信誉。本书中所讲的信誉分为两种：第一种是存在于虚拟世界中（网络信誉），另外一种则是在公司里（你与他人的接触）。两种信誉我们都需要，因为一旦成为领导者，没有它们的助力，你是走不远的。

第四部分 信誉

Part Four

▼

办公区就是你的展示间，

展示间是展示产品的地方，而你要展示的是你自己。

最重要的产品就是你自己。

假如汽车经销店里面乱得仿佛车祸现场，

服装店看起来就像旧衣物捐赠处，你还愿意在那儿消费吗？

所以，如果有人经常去你的办公室，

务必要保持办公室的整洁，当心有人以此为把柄，说你的不是。

33

人们看到的你，就是网络上的你（一定要当心！）

你在网上“见过”和“遇到”的人，可能比你这辈子握过手的人还多。比起在现实工作中面对面接触的同事，你和他们有些人的关系甚至更重要。未见其人，未闻其声，人们对你的第一印象难以磨灭。这就意味着，要想取得职场上的成功，你必须打造出一个正直可信，却又与众不同，令人耳目一新的网络形象。想让大家在虚拟的世界看到怎样的自己，就应该像在真实世界一样展现自己。

设想一下，你在虚拟的网络世界中徜徉。在这里，你看到人们在互动交流，也有人在推销自己，这些都基于他们设置公开的个人信息。个人信息五花八门：有些人一看就是派对狂人。有些人穿着正装，一副商务人士的派头。有些人陪着孩子散步，好像很顾家。有的人漫不经心地聊着天，有些人则宁愿一个人待着。四处观察一下，你心中便有了主意：哪些人你想跟他攀谈？哪些人是你不想打交道的？又有哪些人是你唯恐避之不及的？

比方说，你碰到一个衣着得体，跟自己兴趣相投的网友，于是你主动搭讪。可刚准备攀谈，就发现对方的联系方式不清不楚的，不想劳神费力的你，只好作罢。她本会成为你的新上司，也可能成为你的新员工，但由于联系方式的不便，事情便不了了之。

那个派对狂人怎么样？也许他工作能力很强，人也很聪明，能把工作做得很出色。可你要是公司老板的话，会联系他吗？多半不会。他受过良好的教育，工作履历也很优秀，但有多少人会完全不计较他淘气贪玩的形象，挖掘出他职业的一面？就算查了履历，你就能做到信心十足，相信他可以胜任这份工作吗？更何况，多数人根本不乐意劳神费力查履历。

网络上发布的内容，必须牢牢瞄准目标群体，成功吸引他们的注意力，展现自己最想展现的一面。否则的话，别人的鼠标就会滑向下一个页面。所以说，如果你没有用心打造良好的网络形象，你永远都不会知道自己为什么被忽视。每个人都是在第一印象的基础上做出判断，而当今的时代，是个体的职业形象和生活形象前所未有地高度重合。换句话说，人们认识你的方式有两种：职业形象和生活形象。潜在的雇主会选择一位跟自己或团队里其他员工兴趣爱好相近的求职者，如果你只展现了自己职业的一面，没有生活的一面，他就找不到你的兴趣爱好、穿衣打扮，和其他可能与你的商业形象无关的资料。但只呈现生活的一面也不行，多数潜在雇主会因此而忽视你。

因此，网络上发布的内容应该两者兼顾，资料翔实，这样雇佣方既能充分地了解到你职业的一面，也能对你的生活略知一二。另外，联系方式必须严肃正式，清晰明了。试想一下，电子邮箱像下面这样，kookid@gmail.com，bigstud@hotmail.com，gannonfamily@aol.com，正儿八经的职场人士愿意联系你吗？（三个邮箱的中文意思分别是：酷仔、大钉钉、甘农家族——译者注）这样的地址，只怕告诉了新同事之后，大家会笑出声吧？还有个问题，那就是跟别人重名怎么办，这确实也是个麻烦事。美国有 46000 个约翰·史密斯 (John Smith）！

如果跟名人重名，那就更头疼了！

怎么把自己跟别人区分开呢？在姓和名的中间加上中间名或者中间名的首字母，这招很管用，不喜欢也得用。约翰·埃比尼泽·史密斯，在中间加上“埃比尼泽”，这下不多见了吧！如果没有中间名，不妨在邮箱地址中加上数字，比如 JohnSmith46001@gmail.com。

再啰唆一句，假如之前没有注意到这一点，请你务必立刻修改自己的联系方式，要更正式、更严肃、更职业，否则会很难堪。我之前的联系方式，在姓名后面缀了一长串领英分配给我的序列码（领英是全球知名的职场社交平台，覆盖全球 6.1 亿会员），后来有同事指出了问题，长长地序列码不够简洁，不够职业。一个人连自己的邮箱地址都不会修改，更别提会用高级功能了，我猜她肯定这么想。（她是对的，我那会儿的确不太会用。）

小技巧 37

核查网络个人信息

如何更全面地了解一个人，职业生涯也好，个人生活也好？多数人最先想到的主意就是上网。你必须先人一步！花点时间，尝试在网上搜索与自己相关的资料和信息。如果发现任何与自己想呈现的目标形象有出入的地方，立刻修改，及时补救。

如何维护网络形象

在搜索框输入你的名字，鼠标轻轻一点，屏幕上就会弹出照片：你站在大伙前面，他们正在欢呼喝彩，庆祝你获得了业内最高奖项。

鼠标再点几下，屏幕上又弹出一个视频：你和朋友们在沙滩上忘我疯狂，喝到烂醉如泥。这种倒霉事大家都见过，所以在网上发布内容之前，一定要检查你的隐私设置。

小技巧 38

检查隐私设置

这个道理大家都懂（希望你也能明白），那我为什么还要提一下呢？因为有太多人忽略了隐私设置这一项，等最后发现被录用或者提拔的人不是自己的时候，心里还纳闷为什么会落选了呢？切记，凡是你觉得比较隐私的内容应该设置为某些人可见，而不是所有人可见。

“一幅照片胜过千言万语”，这话你一定听过。现在没有人愿意花时间去读千字长文，与之相反的是，照片却能在瞬间就产生冲击效应。照片是职场利器。每次出版商问我要照片，好印在封底上，我都非常痛苦。选哪张好呢？这张照片里咧嘴微笑的样子，看起来平易近人，就选它吧？还是这张紧闭双唇，若有所思的更好一点呢？要不要化妆呢，自然点的淡妆是不是更适合（其实为了达到无妆的效果，也得对着镜子涂涂抹抹一个钟头）？

有些职场人士无论在什么场合，用的都是同一张照片，让人忍不住好奇，他们是不是只有这一张照片还能凑合凑合。我的建议是大家多数场合使用同一张照片，这样可以塑造出前后一致的形象，但也要有其他备用的照片。选择照片时，要留心照片中人物的面部表情。不合时宜的表情，会让医生看起来冷酷无情，牙医像个虐待狂，领导者显得软弱无能，一般职员却仿佛在给《健美男士》拍摄封面大片。类似的情况我见过很多。不妨先找个你信赖的同事，让他帮你参谋一下，再发布照片。任何不想让上司看到的内容，都不要在网上公开。在网络上发布不当的照片或评论，最后被炒了鱿鱼，这样的事儿可不少见。

除了网络形象，公司内的信誉同样非常重要，下面我们就来讲这个问题。

34

小谎也别撒（代价非常惨重）

同事迟到了，他告诉上司，高速上出了车祸，所以迟到了；或者本来跟医生约好了时间，但多等了一会，所以迟到了。这样的事你见过吧？他们在撒谎，你很清楚，之前大家在一起说说笑笑的时候，他们告诉过你，迟到是因为前一天晚上喝多了。上司多半也心知肚明，因为每个人撒谎的时候，下意识的行为举止和不自觉的表情会出卖自己。伴随着谎言的每一个表情，每一个肢体动作，都会暴露“真实的”你，以及你当时的真实想法。

同样，如果上司跟你说，这个季度不会再招聘新人，或者通知你项目最后期限时，故意把日期提前，你也能看出来她在撒谎。虽然你没捅破这层窗户纸，但对方的一言一行就是让你起了疑心。下次她再跟你说，“公司里现在到处是关于裁员的谣言，你可别信啊”，你自然而然会提高警惕。哪怕只被骗过一次，你就会觉得他（她）的话不再可信。情况严重时，对方善意的谎言，在你看来，也是别有用心的弥天大谎。

与人相处的过程中，一点谎都不能撒。无论是夸大其词，歪曲真相，还是你自认为无伤大雅的小谎，一旦被人发现，你的信誉也会随之崩塌。从另一方面讲，如果你能更敏锐地捕捉到同事的微表情和肢体语言，那么在被丛林法则所支配的职场中，你也会更加游刃有余。亚伯拉罕·林肯说过一句很出名的话，“你可以在一段时间欺骗所有人，也可以永远地欺骗一些人。但要想永远欺骗所有人，那是不可能的。”说了这么多，但是……

每个人都会撒谎

有的人偶尔撒谎，有的人老是撒谎。模棱两可、言过其实或者随意歪曲事实，这样的错误每个人都犯过。研究表明，职场中有 22% 的谎言都和下面三种情况有关：第一，做了某事，上司不喜欢；第二，没做某事，上司不高兴；第三，任务还没完成，就到处吹嘘已经做完了。

如果你也撒过类似的谎，别担心，你绝对不是个案。但要注意了，今天的谎言可能葬送你明日的辉煌，哪怕一个小小的谎言，也会给人留下弄虚作假的印象。有个老掉牙的故事，是关于英国前首相温斯顿·丘吉尔的。丘吉尔问一位社交名媛，“女士，我给你五百万英镑，你愿意跟我睡一觉吗？”

这位端庄的女士回道，“噢，天呐，丘吉尔先生……这也太突然了……嗯，我是说……我觉得……当然，我们得认真坐下来谈谈条件……”

丘吉尔微笑着问，“那我给你五美元，你看如何？”

这位名媛大惊失色，倒抽一口冷气，答道，“丘吉尔先生，你把我当成什么人了？”

丘吉尔不动声色，平静地说，“女士，你是什么人，大家彼此都很清楚。我们现在不过在讨价还价而已。”

无论多么微不足道的小谎，一旦谎言被人识破，都会被人贴上“骗子”的标签。

没在撒谎，却被别人误会，如何避免？

上司跟你说公司停招新人或裁员时，你怎么知道他没说实话呢？因为你和其他人一样，是一台天然的测谎仪。人工测谎仪是由一堆机械部件组成的，它能测量自主神经系统的变化和波动，比如呼吸模式、心跳、血压、汗液等生理体征的变化，这些变化只有在情绪唤起时才会发生。人工测谎仪的结果准确吗？目前尚有争议，但联邦调查局、警方等许多机构都认可其结果，有时候它甚至掌握着对嫌犯的生杀大权。

撒谎时，我们的身体会发生一些生理变化，这一点却是无可争议的。裸眼或许无法捕捉到这些变化，但体内所发生的改变会促使我们不自觉地做出一些动作，这在平时是没有的。

我有位客户，他的下属里有个叫罗根的销售经理。罗根团队中的每一位销售都能超额完成任务，一个懒散混日子的角色都没有。我向他表示祝贺，并问道，“罗根，我真不知道你是怎么做到的。你看，你们团队里即使业绩最差的销售，也是行业的佼佼者。你是怎么找到那么多销售精英的？”接着我又戏谑地问道，“你看人从来没看走眼过吗？”

他答道，“说实话，还真没有，莉尔。我运气一直挺好的。”

“得了吧，罗根，”我反驳说，“这可不单单是运气的事情。你一定有慧眼识英才的本事。”

他耸了耸肩膀说，“那个我确实不太懂。但这么多年摸爬滚打下来，判断下属或者应聘的人有没有在撒谎的本事，我倒是有的。”

“有什么秘诀吗？”我追问道。

他的神情严肃起来，说道，“别人说话时，我会很仔细地观察。”我露出一副迷糊不解的表情，巴望他能继续讲下去。“举个例子吧，上个月有人过来应聘销售的工作，是我亲自面试的。对方非常自信，性格也活泼开朗。我们做销售工作得给陌生人打电话，我觉得他很适合。接着我问这个年轻人，他为什么来我们公司应聘。他凝视着我的眼睛，答道，‘每当成功地卖出产品，能为新客户提供良好的服务时，我就觉得很有成就感。’”

“这个答案我很满意，”罗根接着说，“于是我又问他，现如今的沟通方式已经有了巨大的改变，他会不会觉得电话销售已经过时了。他表现得很激动，但人仍然是完全放松的状态，答道，‘噢，不，销售的环境的确在改变，不变的是人与人之间的沟通。联系潜在客户的时候，我会把客户以及产品的价值放在第一位。’”

“答得不错，”罗根说，“于是我问他，为什么要离职。这时，他的眼睛立刻望向别处，然后才看向我。接着，我发现他很不自然地把手指弯曲，仿佛要握紧拳头。本来放在椅子扶手的胳膊也挪开了，不停地摩擦后脖颈，有那么一刻，还用手挡住了嘴巴。”

“他嘴上说是因为前一家公司的‘成长空间有限’，身体却在讲述完全不同的故事。我怀疑他在撒谎。当然，仅凭片刻的坐立不安，我并不能认定他没说实话。我决定过会再问问他为什么离职。

“为了让试探虚实，我找了一个他一定会喜欢的话题——让他谈谈自己的长处。他又放松下来，胳膊放回了椅子的扶手上。眼皮眨都不眨，他告诉我自己是一个很出色的倾听者，比别人能更好地理解客户的需求。他把身体往椅背上靠了靠，说他为自己很会说服别人而自豪。我表示赞成。”

“我仍然无法肯定，”罗根重复道，“可就是觉得哪里有些不对劲。于是，我换了个说法，又问他为什么要辞掉上一份工作。我是这么问的，‘你离职仅仅是因为发展空间不够吗？’话音刚落，他又开始坐立不安，眼睛时不时看向别处，同时开始不停地摩挲前臂。”

“在他再次忐忑不安的样子之前，本来我已经打算当场录用他了。我很庆幸没有那么做。后来我找了他前一家公司的人打听，得知他这个人到处惹是生非，麻烦不断，和销售经理有很多龃龉。”罗根识破了骗子的谎言！

明明没有撒谎，同事却误会了你，该怎么办呢？下面就给大家一些建议。建议可以分成两类，一类是该做什么，另一类是不该做什么。如果对方的问题让你感到压力，你会本能地做出反应，语速加快，嗓门变大，仿佛想早点结束话题。因此，当话题让你感到紧张不安时，应该集中注意力，控制好语速和音量。否则，对方一旦觉察到你的情绪，就会提高警惕。另外，嗓音要圆润，不能干涩嘶哑，同时不要来回清嗓子或者咳嗽，这些都是撒谎的特征。回答问题时，与对方保持眼神接触，不要闭上眼睛，也不要犹犹豫豫、支支吾吾。

嘴上说的是这样的内容，身体却在传达不同的信息，科学上称之为“脱节”。直觉会告诉你，应该拒绝别人的好意还是接受建议，可这种直觉从哪儿而来，却无迹可寻。你只是有一种预感，而且预感是真实存在的。发表在科学期刊《非语言行为》上的论文《直觉：准确性及个体感知中的意识》证实，预感是真实可靠的，许多其他研究也证实了这一点。

小技巧 39

怎样才能表现得不慌张

如果谈话事关重大，那么无论是鼻子瘙痒、脚底板刺痛、耳朵发麻还是脖子冒汗，都请你务必忽略掉。切记不能用手遮住面部，这会让人以为你在“掩盖”谎言。保持音量和语速的稳定，特别是在聊到让你紧张不安的话题时。回答重要问题时，要与对方有适度的眼神接触，但也不要过犹不及。瘙痒、刺痛、酸麻和大汗淋漓的感觉再难受，也总比被别人误会要好受得多，所以一定要忍住。

谎言不仅仅止于现实中的谈话。在网络上我们同样能发现谎言的踪迹。使用电子文档时撒谎无异于自寻死路。有了电子邮件和各种聊天软件，以前口耳相传的信息传播方式（“谁谁谁说他说了什么什么”“谁谁谁说她说了什么什么”）早已一去不复返了。你敲出来的每一个词都被云存储记录下来。点下“发送”，你写的所有内容全公司的人都能看见。

无伤大雅的谎撒了真的无妨吗?

大错特错！再微不足道的谎言，也是谎言，它会让大家对你开启红色警戒。举个例子，汤姆在九点五十分给你发了条信息，“有空谈点事情吗？”

你是这么回复的，“十点钟有个会，不过没事，你直接打过来吧。”电话接通了，出乎意料的，他说的事对你来说还挺重要。时间到了十点零五分，你还没有挂电话的意思。汤姆心想，“奇怪了，他不是说十点钟要开会。看来他打算晚点去，太好了。”十点十五分时，你还在讲。这时汤姆开始起了疑心，暗想，“哪有什么会，我看根本就是胡乱编造的，要不他怎么还不挂电话。”开启警报！

汤姆或许不会直接戳穿你的谎言，但在他心目中，你不再诚实可信。以后跟你讲话的时候，他会特别警惕。小小的谎言，聚少成多，最后也会让你的名誉一落千丈。

35

诚信的第二大忌讳

除非你是撒谎老手（不是最好，撒谎可没什么好处），否则想要在紧张的时候控制细微的肢体动作是很困难的。身体的疼痛和不适，也会让人误以为你在撒谎，哪怕你说的句句都是实话。

我以前有个助理叫沙琳，我写书的时候她会帮我收集科学研究的相关资料。有一天，我正在焦急地等待着早先就吩咐她找的几篇论文。可沙琳闷闷不乐地告诉我，电脑出了点毛病，她找的资料全都删掉了。她一边跟我解释，一边不停地舔着嘴唇，看起来很紧张。我手包里刚好有一小管润唇膏，于是我问她需不需要。“哦，太好了，莉尔，”她说。“真谢谢你。上个周末去海边玩结果晒伤了，嘴巴快疼死了。”

啊哈，我总算明白她为什么老是舔嘴唇了，她的这个动作，引得我差点错怪她。要是沙琳能早点告诉我晒伤这事儿，我一定会好好安慰她的。

类似的事情发生过不止一次。有位学员叫尼克，他的上司刚好也是我的客户，这天尼克自豪地告诉上司，这个月的指标马上就要完成了。他说话的时候一直在擦后脖颈子，还时不时地把头歪向一边，转动一下脖子。上司斜着眼睛，一脸嘲讽地看着尼克，她根本不相信他，觉得他在夸夸其谈。

那天下午，我在大厅里和尼克闲聊，他又做起了同样的动作，揉着后脖颈子，头转来转去。我问他是不是哪里不舒服，他痛苦地呻吟道，“是的，上周脖子扭到了，按摩可以缓解疼痛。”我这才明白，之前开会时他为啥坐立不安了。后来又遇到那位上司，我告诉她，尼克扭了脖子，揉揉脖子是为了缓解疼痛。希望她回头能弄清楚，不要误会了尼克。

工作中不说假话，对一个人的诚信来说至关重要，不要让人误会你在撒谎，同样重要。假如因为身体不适，不得不摩擦、抓挠、揉搓、扭动身体，或者行为举动跟平时不太一样，你应该想想办法，最好既能把原因透露给对方，又不要显得太刻意，这样，就不会有人把这些举动误认为是谎言的信号了。要是尼克能早点告诉上司他扭了脖子，沙琳能早点让我知道她嘴巴晒伤了，他们就不会受到无端的猜忌了。

小技巧 40

身体不适要告诉对方

一点小毛小病，谁愿意逢人就诉苦，可如果身体真的不舒服，并且行为动作容易让人误以为你很紧张时，应该告知对方原因，不用太刻意，寒暄几句过后，道出原委即可。在工作中树立诚实可靠的形象是头等大事，绝不能让别人对你有所猜忌，误以为你在说假话。

下面的情况同样可怕：就算你没在撒谎，可如果对方比如你的上司让你感觉受到了威胁，你的身体同样会产生撒谎时特有的生理变化。这时更要当心。

36

小小的谎言在所难免时怎么办？

好吧，我已经在前文滔滔不绝、慷慨陈词了半天，劝告大家不要撒谎，不过即使最诚实的员工也知道，有时善意的谎言，或者轻描淡写地把真相一带而过，是最明智的选择。这或许是出于对某人的保护，因为知道真相只会对他不利，也可能是为了保全某位德高望重的同事的好名声。而领导们，从战略层面出发，必须极力渲染公司辉煌的发展前景，或者阻止某些信息的传播，因为它会导致恐慌，影响公司的发展。几乎每个人，在某些时候，都不得不放弃对事实的尊重，而且理由也名正言顺。

不用撒谎当然最好。但一旦撒谎的话，有种常见的技巧就能识破你的谎言，联邦调查局的探员和刑事侦探（或许你的上司）就经常用到。他们会要求你非常具体地描述一系列事件的来龙去脉，以便找出“前后不一致的地方”。如果他们审问的人是你，应该怎么做呢？

运动心理学家有个法宝，名叫“直观想象法”。利用这个法宝，奥运冠军们才能取得佳绩。他们的脑海里仿佛有双眼睛，能“看见”自己一连串的动作，扭动身体，弯曲，旋转，跳跃，获得金牌。滑雪运动员“听见”风呼啸而过，跳水运动员“听见”水花四溅，震耳欲聋的声音，标枪运动员“看到”标签飞驰出去，如利剑一般划过长空。真正比赛开始前，他们会直观地想象出这些动作，一气呵成。

直观想象法不仅适用于优秀的顶级运动员，也同样适用于任何想实现目标、试图说服别人的人。仅仅把故事讲出来是不够的，还得直观地想象出来。在脑海中有力地呈现画面，不断重复，首尾呼应，会让故事更接近现实。迫不得已说谎的时候，你可以向奥运选手学习，使用直观想象法。

小技巧 41

“看见”自己的故事

把要讲述给别人的内容，在脑海中一步一步地变成现实。调动所有的感官，真实地体验故事。你不仅能看到颜色，听到声音，还能感受到温度。在脑海中反复播放“视频”，直到能以假乱真。

最好把“视频”倒序播放，以防万一。一流的侦查员有时候会让嫌犯倒序事情发生的经过。

（我听见有人在问，这章的标题是不是应该改成“如何撒谎”？不，我可不是那个意思！）

在工作中，哪些情况下员工最容易撒谎？目前的情况来看，是迟到的时候。迟到了该如何应对，这是下面的内容。

37

迟到了怎么办?

从周一到周五，天天早起真是件痛苦的事儿，可又不敢睡个香甜的回笼觉，那样麻烦可就大了。从温暖的被窝里爬出来，好痛苦啊；睡眼惺忪走到浴室，洗完澡穿上衣服，接着去厨房做早餐；吃完早餐，出门，奔波在通勤路上。不过，有时候甜蜜梦乡的诱惑力实在太大了，让人难以抗拒。于是你又睡了回去，突然醒过来——要迟到了！一边慌慌张张地穿衣服，一边在心里盘算着今天找什么样的借口。车钥匙丢了？轮胎爆了？漏油了？电瓶没电了？不，这些话上司的耳朵都快听出老茧来了，而且如果借口站不住脚，还会被他当作骗子的。

一旦发现自己今天要迟到，应该立刻给上司发个信息或邮件，但不要急于解释原因，除非是情况很糟糕。一定要告诉上司，你大概什么时候能赶到。很多经理人告诉我，员工迟到没迟到，他们其实无所谓，他们更关心的是员工什么时候能到岗，类似的事件以后会不会再发生。假如你的工作一刻也离不了人，比如得接电话或者操作设备，应该找同事临时救个急。告诉上司，你可以加班或者利用午饭时间，补上耽误的工时。

在众目睽睽之下走进办公室，面对大家一脸质问的表情，这的确够难为情的。你可以使用与小技巧1“每天都要华丽登场”等类似的技巧。尽量表现得若无其事，大方自信，好像刚跟总裁会过面似的，并且他还给你升了职。然后径直走到办公桌跟前，开始工作。当然，记得一定要向给你打掩护的同事表示感谢，可以使用小技巧15“不要吝啬你的赞美”，最后不妨加上一句，“要是以后你迟到，有什么要帮忙的，我一定全力以赴。”

开会迟到怎么办

总有人等到会议开始了才偷偷摸摸地溜进来，不是吗？拖拖拉拉的人一般都会蹑手蹑脚溜进会场，很不好意思的样子，并且急着跟大家赔不是。“路上太堵了”“跟牙医约好了，但耽误了点时间”“实在没办法，得带孩子去看医生”，或者“家里宠物生病了”，这些借口我们都耳熟能详。

你可千万别那么低声下气！别像只张着嘴直喘气的狗一样，溜进屋子，慌里慌张地为自己辩解。大大方方地说一句“不好意思”，就足够了。然后大步流星，精神抖擞地走到座位上，仿佛自己是最先到达会场的那个人。（别着急；一会再气定神闲地告诉大家你为什么迟到。）

我给威尔逊窗业提供过咨询，有幸见识过一位员工在会议上使用这个技巧，她的表现堪称完美。总裁要与团队协商新产品的有关事宜，他把会议的时间定在星期一上午九点。他对新来的产品设计师考特尼·卡尔青眼有加，特别想听听她的意见。可九点钟到了，大家连考特尼的影子都没见着。于是总裁把会议推迟了五分钟，但考特尼还是没到。总裁的脸色变得非常难看，只好宣布会议开始。大约九点半的时候，考特尼悄悄地走了进来，落落大方，没有一丝慌乱。她只是冲大家说了句“不好意思”，然后找了个位置坐了下来。我敢肯定在场的每个人都在忖度，“装什么装，倒要看看你有什么借口。”威尔逊先生脸色阴沉，冷冰冰地说道，“欢迎你，卡尔女士。”

十分钟之后，考特尼举手提问。她是这么开头的，“不好意思，不知道这个问题之前有没有人提过。前半部分的会议我没能赶上，因为我妈妈在浴室摔倒了，我得带她去医院。”我看到有几个人露出关切的表情。接着，考特尼没有片刻迟疑，询问起新产品的情况。干得漂亮。

会议结束之后，我和另外几个人去了考特尼的办公室，向她表示关心。正说话的时候，威尔逊先生走了进来，说道，“考特尼，你妈妈受伤了，我很难过。希望她没什么大碍。如果今天想早点下班，跟我打个招呼就行。”很显然，考特尼不仅没有因为迟到而被老板怪罪，甚至还赢得了大家的好感。

庆幸的是，多数时候我们迟到的理由都不会像考特尼的那般不幸。“车发动不起来”“头痛得要命”或者“孩子生病了”，这些都是老生常谈。建议大家在这种情况下，不要急于为自己辩解，不妨试试下面这一招。

大大方方走进来，跟大家说句“不好意思”。（不要光对上司讲，那样会显得你曲意逢迎。）然后优雅地坐下来，思考一下等会提什么样的问题比较合适。要像考特尼学习，待会议进行片刻后，再对错过会议前面部分向大家表示歉意。这会让大家觉得，你并没有刻意掩盖迟到的事实。假如迟到的原因像考特尼的那样严重，应该当即说明。不严重的话，可以说“大家要是想知道的话，会后我再把倒霉的经历告诉你们”。接着，立刻提问。多半没有人会找你打听原因，要是真有人问起来，说出原因即可。

这一招的高明之处在于它能两全其美。一来，可以凸显你的从容自信，大家会觉得你做事光明磊落。二来，你那蹩脚的借口只有少数人知道！多数人是不会打听的。

小技巧 42

不要急于辩解

如果开会迟到，你应该大大方方地走进会场，跟大家说声“不好意思”，先应付一下场面。然后问个问题，并且告诉大家自己迟到了，所以错过了会议的前面部分，如果大家想知道原因，会后可以来问。

下面我们的话题将过渡到这几个方面——如何维持良好的信誉；如何在保持自尊的同时，照顾上司的面子；以及在把事情搞砸了之后，怎么做才能让别人觉得你仍然是值得信赖、值得尊重的。

38

做错事又怎么样，你仍然是个香饽饽

最糟糕的状况：你确实做错事了，并且上司也知道了。这下完蛋了！别怕——我来给你支招，这个技巧我在所有的课上都讲过，以前的书里也介绍过，非常管用。想彻底洗白是没指望了，但这个方法却能让上司更加赏识你。

大概十岁时，我非常痴迷于神奇女侠。神奇女侠“有着比肩众神使者赫尔墨斯的速度，媲美大力神海格力斯的力量，如同爱与美之女神阿芙罗狄忒般的容颜，似智慧女神雅典娜一般的博学”。她手上戴着的银质手镯超级酷，这个手镯刀枪不入，只要她挥舞手臂，就能用手镯把飞过来的子弹挡回去。“砰！”“嗙！”“咚！”还有她脚上那双红色的长筒靴，我做梦都想要。

现实生活中，我也有崇拜的神奇女侠，她叫旺达，在一家生产企业工作。那家企业的老板称自己为 J.D.(有些大老板觉得用姓名的首字母称呼更有派头)。J.D. 每个星期都要跟旺达碰头，有一回他告诉旺达，有家供应商生产的产品让他很失望。“旺达，请你转告万德福装置公司的沃特，我们将立刻终止与他们的合同，将来也不会考虑再次合作，因为他们的产品达不到标准。以后我不想跟这个人有任何联系！”

旺达非常难过，也很失望，她和沃特合作了这几年，双方已经成了工作上的合作伙伴。但她还是按照老板的吩咐，给沃特写了封信，告诉他老板让她终止合同，并表达了歉意。

一个星期过后，满脸通红的J.D.从办公室伸出头来冲旺达嚷道，“立刻到我办公室来！”他怒不可遏地咆哮着，“沃特刚刚给我打电话了，就跟没事人一样，说下一次订单可以给我们打九五折。你有没有告诉他我们已经终止了合同，将来也不会考虑再次合作，因为他们的产品不达标？我不想再跟他有任何联系，你跟他说了没有？”

一般人哪见过这气势汹汹的阵势，肯定会被吓得吞吞吐吐，只好解释说已经按照吩咐去做了，不过有些话没带到。我的神奇女侠可不是凡人。她有着比肩众神使者赫尔墨斯的速度，有着媲美大力神海格力斯的力量，有着如同爱与美之女神阿芙罗狄忒般的容颜，有着似智慧女神雅典娜一样的博学。旺达平静地看着J.D.的眼睛，答道，“J.D.，很高兴你能提起这事。你的决定十分正确。我已经告诉他，我们会终止合同，但我没说‘将来也不会考虑再次合作，因为他们的产品没达到标准’，也没说你‘以后不想跟这个人有任何联系’。我现在知道，没把您的原话告诉他，的确引起了误会，我保证以后不会再发生这样的事情。”

不慌不忙，简简单单的几句话，你能看出来旺达是怎么步步为营的吗？下面我们就来分析一下：

“J.D.，很高兴你能提起这事。你的决定十分正确。”这个开头就不简单，老板听完就知道，旺达并没有被吓倒。她从容淡定地直呼老板的名字，并且告诉对方，她很高兴听到这事。如此一来，很好地照顾到了老板的自我意识。

“我已经告诉他，我们会终止合同，但我没说‘将来也不会考虑再次合作，因为他们的产品没达到标准’，也没说你‘以后不想跟这个人有任何联系’。”聪明极了，旺达。你勇于承认自己的错误，既没有拐弯抹角，也没有含糊其词。引用老板的原话，会让他觉得你态度诚恳，对你也会刮目相看。

“我现在知道，没有把您的原话告诉他，的确造成了误会。”这句话说明旺达完全认识到了自己的错误。

“我保证以后不会再发生这样的事情。”通过这句话，旺达告诉老板，她是个有责任心的员工，值得信赖。

如果你真的想解释

这一步可要可不要——有时候不要解释效果反而会更好。但如果你想解释清楚，不妨按照以下的步骤。我的神奇女侠是这么做的……

“您要是有空的话，我想跟您谈谈。”注意，她并没有迫不及待，立刻就要澄清事情的原委。J.D. 看起来没有不耐烦的意思，于是旺达接着说……

“我当时是这么想的：我们应该接受沃特的好意，说不定哪天要他帮忙呢。现在我知道，问题就出在这里。”旺达言之有理，并且完全没有为自己洗白的意思。

“谢谢你 J.D.，给我机会说明我的想法。”有勇有谋，棒极了！没做错事当然最好，如果犯错了，不妨依照下面的七步认错法去做，你会比其他同事高明许多。

小技巧 43

承认错误时要一字不差地引用上司的原话

1. 告诉上司，很高兴她提起这件事，并且她的决定十分正确。

2. 承认错误，引用上司的原话。如果她说的是“偷”，你就不能说是“拿”。如果她用的词是“疏忽大意”，那么你说“忘记了”就不合适。不要扭扭捏捏，含糊其词。

3. 承认自己这么做的确造成了不好的后果，并道歉。

4. 向对方保证，不会再有同样的事情发生。

5. 这时候才可以问她愿不愿意听听你的想法。

6. 如果对方愿意，说明原因，但不要为自己辩白。

7. 最后，感谢她给你机会说出自己的想法。

通过这个方法，老板会认识到你是位与众不同的员工，你勇于承认错误，她一定会感到吃惊——并且会对你刮目相看，青眼有加。

信誉还有一个方面，那就是你的业务能力。一谈到业务能力，必然会提到做演讲，做汇报展示的能力。越接近权力链条的顶端，这种能力就越重要——对员工的要求也就越高。无论是电话会议、视频会议、播客、网络会议还是虚拟媒体会议，听起来就已经够吓人了，但最恐怖的，莫过于在房间或者礼堂，站在上司和同事的面前演讲。所有人的目光都落在你身上，他们充满期待，想看看你是如何侃侃而谈、妙语连珠的。

39

演讲是业务能力的体现

面对一大堆同事，甚至还有上司，哪怕最沉着冷静的员工，也会被恐慌所劫持。以前我特别害怕在公共场合讲话，所以我特别能感同身受。想起来，我的两腿就开始发软。那么，以前最害怕的事情，怎么就成了我现在最享受的事情呢？这个故事比较离奇，说来话长，在此我就不再赘述了。但我的另外一本书中，详细描述了我是如何不辞劳苦，克服艰辛，不顾一切地学习公众演讲的各种技巧的。国际演讲协会、美国国家演讲者协会，还有一些个人演讲老师给我提供了巨大的帮助。意想不到的是，最后我居然喜欢上了公众演讲，听众有数千人之多时，我还会特别激动。我是如此热爱演讲，痴迷演讲，于是开始在全美开设有关演讲技巧的讲座。现在回头想想，下面将要分享给大家的这些演讲技巧，要是有人能早点告诉我，我就能少走不少弯路。

制定演讲方案

多数人在制订演讲方案时，都是从演讲的内容入手。比如，把演讲要涵盖的点列成清单，估算一下每部分要用去多少时间，考虑不同的内容应该结合哪种技术。听起来很有道理，是吧？

不，一些重要的步骤漏掉了！实际上，第一步与主题没有任何关系，与演讲方式、使用的技术也无关。演讲时会遇到什么样的状况，分发什么材料，穿什么衣服合适得体，这也不是第一步考虑的内容。我们首先要考虑的是听众，那些坐在那里听你讲话的人。问问自己：他们是谁？他们知道什么？他们期待什么？他们想学习些什么？这些问题的答案都会影响到演讲的整体效果，考虑清楚之后，再思考下面的问题。

演讲的时间？通常这不是由演讲者决定的，不过可能的话，尽量把演讲安排在上午十点钟开始。原因如下：假如演讲开始得太早，睡眠不足的迟到者会精神不济，昏昏欲睡。受他们的影响，其他听众也会兴趣索然，想忙些自己的事情；假如太靠近中午，饥肠辘辘的听众们会巴不得演讲早点结束，不停抬手看表。第二选择是下午三时左右，午餐后不合适，太阳快落山时也不行。餐后甜点容易让听众饭后犯困。（假如是全天讲座，我会让主办方把餐后甜点挪到下午茶时间。）下午五六点演讲，也不是明智的选择。还记得我在达拉斯的悲惨遭遇吗？与会者频频看表，恨不得早点收工，下班回家，你不想重蹈覆辙吧。

演讲地点有什么讲究？场地一般都是提前定好的。有一点大家一定要记住，身体动作的幅度以及声音的大小，一定要与空间的大小适配。假如是在会议室演讲，动作幅度要稍微大一些，如果是宽敞的大会议室或者礼堂，动作就要更夸张。有些出名的演员，从来没有在百老汇演出过，结果去了百老汇却铩羽而归，原因很简单，他们没有根据空间增加动作的幅度，导致剧场后面的观众根本看不见。要是没有麦克风的话，不妨想象自己是在跟最后一排的观众讲话，这样全场就都能听到你的声音了。

座位如何安排？你或许会纳闷，座位能有多大影响，但其实这一点很重要。只要演讲场所的座位不是固定的，比如某些会议室或者礼堂，你可以参照以下几种方式，请主办方提前排好座位：

- 剧场式最为常见。每隔八到九列就要留出一条通道，方便听众进出。
- V 字形。它得名于军官所佩戴的勋章，形状像拉宽的字母 V，中间有条走道。这种座位方式适合前后比较长的房间，听众们更容易看到对方，有益于营造友好的氛围。
- 半圆形能有效地促进与听众之间的交流，但不太适用于公司内部的演讲。它也能拉近人与人之间的距离，你可以根据演讲的主题和目标，决定是否选用半圆形座位。需要注意的是，多数男性会觉得半圆形的座位不自在。

听众的性别？女性的互动更多，在问答环节问题也更多。男性并非如此，尤其是在等级森严的公司。这是最主要的性别差异。如果听众大部分是男性的话，我只能借助他们的表情和动作来判断他们的心理状态，有时我会跟公司的总裁半开玩笑说，“瞧，你的手下都偷偷看着你呢，要是觉得我的演讲很精彩，一定要表现出来，让大家都知道。”假如公司领导的性情比较乖戾，不妨试试我这招，不然的话，演讲的效果不会很理想，虽然这并不是你的错。

现在观众的状态如何？在前面站好之后，不要着急开口。四处扫视一圈，观察大家的表情，了解他们的状态。听众们现在感觉如何？他们在期待什么？他们在想什么？有些紧张吗？读者朋友们，还记得达拉斯吗？要是我当时能及时捕捉到与会人员的心理状态，恰到好处地说几句话，就能及时止损。没有提前了解听众的想法和情绪，是我当时最大的问题。

一家投资公司要召开年会，出席年会的人来自全美各地，通过这次年会，大家可以互相熟悉，同时学习先进的做法。这家公司请我晚上去做个演讲。我是第一个演讲人，走进大厅时，我看见会议筹办人玛丽娜站在角落，正神情严肃地跟几个人说话。我走过去问玛丽娜，上场之前谁来介绍我。他们面面相觑地看着对方，接着玛丽娜嘟哝说，“莉尔，等人到齐了，你直接开始就行了。”还真是与众不同啊，我心里想，因为通常惯例是总裁或主席开场，开场过后接着介绍演讲人。

时间到了，我精神抖擞，笑容满面地走上台。暖场环节，我一般会请大家站起来，找找附近有没有不认识的人，跟他握握手，然后互相介绍一下，那天我也是这么做的。结果大家都没动，屋子里陷入了死一般的寂静。接着，有几个人机械地站了起来，可转眼看到大家都没动静，他们松了口气，又一屁股坐了下来。看着听众们面无表情的脸，一阵恐慌向我袭来。

然后我听到玛丽娜跑上台来，小声说，“莉尔，跟我来。”她赶紧把我带到大厅，告诉我，公司的股票大跌，截止当天收盘时是有史以来跌得最惨的一次。没有事先了解听众们的心情是我的失职，于是很爽快地把演讲费用退还给了他们。

演讲时要时不时地停一下，观察听众，开口前要先读懂他们的感受。

40

职业演说家的秘诀

秘诀就是“做自己就好”。这话你一定在哪里听过，我只不过是拾人牙慧。是的，面对一屋子期待的眼神，要想做自己，谈何容易。但在我的演讲课上，我成功地“哄骗”学员们展现自己真实的一面。做法如下：

我要大家先想想，有一些什么他们的感兴趣的事情，比如喜欢的运动、某个爱好或者刺激又难忘的经历。接着，我请他们用四分钟或者更少的时间给大家讲述一下这件事。学员们站在教室前面，说起自己热爱的事情，眼睛里闪烁着光芒，声音是如此的激动，他们有力地挥舞着胳膊，仿佛在用身体打哑语。而听众们则由衷地赞叹，热烈地鼓掌。为什么？因为演讲的人展现了真实的自己，他们兴趣盎然，对演讲的主题充满了激情。

然后，我要求他们用同样的热情和活力，来讲述自己的工作，表情要活泼，肢体语言要丰富。猜猜结果怎样！让人瞠目结舌，太精彩了！无论讲的内容是什么，听众们都能全神贯注，听得津津有味——这才是出色的演讲。

小技巧 44

演讲要富于激情——有自己独特的风格

下次跟朋友聊得热火朝天的时候，不妨试着让意识游离出身体，从旁观者的角度观察自己。肢体语言丰富吗？声音听起来是不是很激动？跟同事交流时，要充满同样的热情，肢体动作也要同样夸张。这样才能最大限度地展现出真实的自己。

专业演讲者的诀窍

专业演讲人士的这些诀窍值得你学习：

- 在演讲之前，避免吃乳制品，比如在咖啡里加奶油，因为乳制品容易生痰。（不知为什么，很多人迷信青苹果的作用，会在演讲前会吃一个。）
- 演讲前找个私密的场所，把小技巧 3“让泡泡更大一点”实践一下。这样身体会更放松，肢体动作的幅度也能更大，同时还能让你不那么紧张。
- 紧张造成嘴巴干涩怎么办？专业人士是这么做的：涂一点凡士林在牙齿上，这样既能湿润嘴唇，又能避免膏体粘在嘴唇上。
- 第一个到达演讲场所。熟悉一下环境、灯光、温度，以及周遭的噪音。你可不想演讲时有什么突发情况吧。
- 听众人数不是很多时，你可以对每一位听众表示欢迎，同他们简单聊几句。
- 别人介绍完你之后，迅速走到演讲位置——不能无精打采。

（有些励志演说家甚至是跑上台，不过我觉得这么做有些过犹不及。）

- 在前文中我也提到，不能上来就直奔主题。稍等片刻，先跟大家来点眼神交流，然后再开始演讲。
- 如果演讲的内容投影在屏幕上，不要把身体扭转180度，这样听众只能看到你的后脑勺。应该用手势引导大家看屏幕，同时保持与听众的目光接触。脸和身体要面对听众。
- 准备一杯温水（不是冷水），放在伸手就能拿到的地方。
- 讲话时，眼睛扫视听众，覆盖面越广越好。哪怕光打过来刺到眼睛，看不清听众席，也要这么做，听众们并不知道你看不清楚。如果人数较多，不妨把自己想象成飞行员，从空中俯瞰地面。
- 要是有讲台的话，请站到讲台前面，这样会显得更自信，听众们也能看到你整个人。
- 如果事先要准备提词笔记，简单记些笔记，能提示下部分的内容即可，注意字要大。如果演讲时不得不读笔记，应该时不时低头看几眼，其他时候眼睛还是要望向听众。
- 你只需要背诵演讲的开头和结尾即可，其他部分的内容可以根据听众的状态随机应变，适度调整。

演讲时出丑了怎么办

谁不害怕当众出丑？如果能事先准备好一些俏皮话，不仅可以缓解尴尬的气氛，还会让听众们觉得你平易近人。专业演讲者都有自己的“必杀技”。下面给大家推荐一些：

- 本来想幽默一把，结果却遭遇冷场，可以说，“大家配合一下嘛，来，笑一笑。”
- 思路突然中断时，可以说，“沉默往往别有深意，但现在可不是那么回事（我忘词了）。”或者问听众，“我讲到哪儿来着？”等听众提醒过你之后，你这么回答，“哦天呐，原来真有人在听，我太高兴了。”
- 房间里太热怎么办？“我刚刚找空调遥控器来着，却发现遥控器已经热化了。”
- 太冷怎么办？“本次演讲特意为大家准备了防冻疮手册，就放在后面，以备大家不时之需。”
- 屋子外面突然传来巨大的噪音怎么办？可以这么说，“噪音是专门用来对付那些想中途溜走的人的（出去更难受）。”
- 打嗝了怎么办？“刚好我们马上讲到非言语交流。”这么说就行。
- 不小心放了个响屁？抓起笔，一边装出签字的样子，一边说“这倒是提醒我了，天然气费用还没交。”（英语中gas既有放屁的意思，也有天然气的意思——译者注）
- 听众提的问题答不上来？“休息时间再来问我吧，到时我仍然拒不作答。”（一定要让对方明白你是在开玩笑！）

提高演讲能力的最好方法就是多练多说。家长会、联谊会、俱乐部等集会都是锻炼的好机会。随着每一次的进步，你会越来越轻松，效果也会越来越好。说不定你会像我一样，最后爱上演讲！

41

说服别人按照你的思路看待问题

下面要讲的道理可谓是金玉良言，我恨不得对着全世界大声呼喊，好让天下所有人都知道这个道理。无论是中规中矩的演讲，还是会议发言，抑或是一对一的谈话，成功的两大决定因素就是激情和叙事的力量。有些听众听完我的演讲非常喜欢，他们总会提到我在演讲时讲述的故事。他们记住得更多的是故事，而不是事实！借助故事来说明观点，不仅能够抓住听众的注意力，还能引导他们思考。

我曾经有位客户，叫布鲁诺·库切利，是一家高级成衣设计公司的CEO，他邀请我参加他们公司管理团队的会议；与会的有五名男性，一名女性，她名叫丹妮卡。会议的讨论围绕着丹妮卡的提议展开，她建议公司开辟新的休闲服饰市场。库切利的思路趋于保守，其他五位男性（年龄偏大）显然也不支持丹妮卡的提议。

有位男士挑衅地说道，“我们公司从来没有进军过休闲服饰市场。”另外一名男士耸了耸肩膀，接嘴说，“市面上有那么多休闲服饰生产厂家，我们干吗要去抢这杯羹。”第三位男士嘟囔说，“那些乳臭未干的年轻人，就算把好东西放他们跟前，他们也不识货。”丹妮卡一句话也没说，认真地听取别人的意见，仿佛很赞同大家的说法。

她把身体往前倾，四下里看了看，热情的目光扫视着每一个人。接着，她讲起了故事，有趣的是，这个故事和大家正在讨论的内容似乎没有任何关联。她是这么开头的，“以在座各位的年纪，应该都记得百视达音像连锁吧？”有一两个人笑了出来，他们都五十几岁了，当然记得这家音像租赁企业的下场有多悲惨。丹妮卡笑了笑，告诉大家，百视达音像开业的时候，她激动得快要疯了。她兴奋地说，“再也不用守在电视机跟前，等着节目放自己喜欢的老电影了，真是太棒了。”她夸张地挥舞着胳膊，大声说道，“没有百视达的时候，一部电影想多看几遍，就得多付几次钱，价格实在是高，可有了百视达就不一样了，区区几美元，想看多少次就看多少次，而且百视达的电影资源很丰富。他们的商业运作模式堪称完美，”她激动得停不下来。“实际上一部碟片被租借过几十次之后，他们就能赚得百分百的利润。”

大家一头雾水，不知道丹妮卡想表达什么，可她富于戏剧性的叙事和生动有力的肢体动作，让几位男士听得津津有味。故事讲完了，大家还像被蒙在鼓里。终于，有位男士把大家的疑问说了出来，“丹妮卡，百视达破产和我们的话题有什么关系？”

丹妮卡狡黠地笑了，这么问正中她的下怀。她脸色凝重起来，答道，“现在劳动人口的主要组成是千禧一代，他们很少会穿衬衣去上班。”为了缓和气氛，她开玩笑说，“哦，说起严格的着装规定，还真有。我侄子在硅谷工作，他告诉我，在硅谷，谁要是不穿T恤上班，谁就会被大家排挤。”

接着，丹妮卡把她在网上找到的两篇文章放在老板面前的桌子上。一篇来自《福布斯》，另外一篇刊登在《大西洋月刊》上。她指着文章解释道，“即使最保守的公司，比如摩根大通，甚至高盛，现在都允许员工在某些办公区域穿着休闲装。以前人们常说休闲星期五，到了星期五就可以穿休闲服，现在很多公司的员工休闲装都是随便穿。硅谷的年轻人没钱买高级成衣吗？”她继续讲道，“他们钱多得不知道怎么花！可惜啊，他们就是不愿意花钱买正装。”

这下大家恍然大悟，丹妮卡为什么要讲百视达的故事了。她最后总结道，“正因为百视达对社会的发展视若无睹，所以只能与那些没有跟得上时代发展的公司一起被大家抛弃。”几位领导神情紧张，你看看我，我看看你，面面相觑。库切利一边缓缓地点点头，一副若有所思的样子，一边把那两篇文章塞进了公文包。他笑容可掬地看着丹妮卡，说道，“你刚刚讲的内容很发人深思，我要好好读读这些文章。”

丹妮卡讲得太棒了！她在表明自己不同观点的同时，也没有直接否认其他人的思路。通过激情和极富感染力的故事，她把自己的忧虑交代得清清楚楚。每个人都听得津津有味，但也有个别人仍然固执己见。有个人咕哝道，“大家明白你的意思，丹妮卡，可我们公司所生产的衣服都价格不菲，休闲服饰怕是不能定那么高的价格啊。”

“不好意思，”她笑道。“差点忘了件事，我并不是说一定要进军T恤市场……”听到这话，大家都松了口气。“刚巧我在网上发现些有意思的事情。”（她压根没忘记，而且还提前打印了一些广告图片，明明是有备而来。）芬迪的一件T恤要500美金，古驰的定价是690美金，而阿玛尼的则高达780美金。大家惊讶得直眨眼睛，仿佛看到了金钱在源源不断地涌进来。

设想一下，丹妮卡如果粗暴地打断别人的讲话，大谈特谈当今休闲风的潮流走向，大家会被她说服吗？这种场面我见得多了，以我的经验看，答案是否定的。丹妮卡可谓足智多谋，先用故事来暖场，借助夸张的肢体语言，爽朗的笑声，活力与热情，把故事讲得引人入胜。她充满了激情，让与会人员见识了自己的研究结果，最后用令人瞠目结舌的数字给演讲完美地画上了句号。她像是有一种魔力，让在场的听众欲罢不能。

百视达开业的时候，丹妮卡真的高兴得要发疯吗？为了多看几遍喜欢的电影，她真的多掏了几次钱吗？她真的从百视达租了很多电影吗？我不知道，也没问。我知道的是，她用了一个行之有效的方法，成功地说服了六个老古板，让他们按照自己的视角思考问题。

小技巧 45

用故事说服别人

要想说服上司和同事，光说事实是不行的。故事的影响力非常之大。即使没有好的故事素材，也要想方设法用自己的热情来感染别人。借助夸张的肢体动作和充沛的激情来阐明自己的观点。听众无论多少，上百也好，几个也罢，故事总能吊足大家的胃口，激情总会对大家有所触动。

42

语法错误也能毁掉大好前程

这听起来很悲哀，但却是事实：目前为止，你是公司最正直、最值得信任的员工，有你这样的员工，老板真是赚了，可如果你的说话方式存在问题，同事尤其是管理层，对你的才华也会视而不见。有些工作高中文凭就够了。想当老师或者科学家的话，起码得正规大学毕业。人类学家或者生物学家得有博士学位，至于医生或律师，医学院或法学院毕业是必须的。

其实社会上有些工作中还是存在——下面这个词是个忌讳，大家都闭口不提——“等级”的，虽说教育的出发点并不是要把人划分为三六九等，但等级的存在却是无可否认的事实。社会学家保罗·布伦伯格在其著作《肉食社会》一书中指出，等级结构“在美国是个禁忌话题”，在有些自由国度，这个词甚至等同于人身侮辱。鉴于本书是关于职场沟通的，我认为还是有必要解释一下，毕竟有些职业牵扯到等级，而其中人们的说话方式最能凸显出等级差异。

我有个好朋友叫艾奇，他个性随和，诚实正直，一直在学校工作，职责是筹集善款，用来帮助问题青少年。艾奇不拘小节，有点大大咧咧，但我无所谓。为了保证贫困高中生一日三餐的营养，能让他们有个安全的住所，艾奇付出了很多，这点我很欣赏。艾奇真的是个好人，令人敬佩。不巧的是，他工作的那家学校缩小了招生规模，艾奇失业了。

艾奇被解雇之后的那一周，我喊他一起吃午饭，本想着能安慰安慰他。可看到艾奇的那一刻，我大吃一惊，他不仅没有垂头丧气，反而是喜笑颜开大步走了进来。艾奇神采飞扬地告诉我，有一份他“梦寐以求”的工作正在招人。“福克斯波利缺一个筹款人！”他大声讲道。

“福克斯波利？”我问道。

“哦，这所学校你没听说过？不管了，它是纽约最上层的预科学校，这份工作我稳操胜券。你看，我干了十五年筹款工作，没谁能比我更称职了。我为州立学校筹集到那么多款项，对这个行业了如指掌，一句话，我才是完美的人选。”

“艾奇，这真是太好了。你在福克斯波利具体要做些什么呢？”

“嗯，我得跟上流人物打交道。要跟学校的毕业生们共进精致的午餐，他们的钱多得花不完。我肯定能说服他们！”他笑道。“他们会乖乖掏钱的！”他还在讲，可我的心却咯噔一下沉了下来，心里暗自想，“其实艾奇不是最合适的人选，他太不拘小节了，但真心希望他能够得到这份梦寐以求的工作。”

一周后，他发信息告诉我，他被淘汰了。我心里难受极了，却丝毫没有感到惊讶。艾奇跟贫困阶层的青少年打交道久了，学会了他们的交谈方式，这是那些受过良好教育的富人们不待见他的原因。“一句话”“不管了”或者“没有谁比我更称职”这样的双重否定，让艾奇与这份工作失之交臂。

职场上有各种各样的偏见，有些管理层对那些语法使用不得当的员工很不感冒。这是歧视吗？是的。是偏见吗？是的。是区别对待吗？是的，的确如此。

你的语法肯定比艾奇要好得多。但既然本书是给大家传授工作中的沟通技巧的，我就有责任提醒读者们，公司高层的管理人员，有很多是“语法势利眼”。该用“farther”的时候，你用了“further”（在英语中，这两个单词都是 far 的比较级，只有一个字母只差，前者用来形容距离的远近，后者用来形容程度——译者注）；或者把“since”和“because”混为一谈（两者都有“因为”的意思，但后者更正式，并且不能用在句子开头——译者注），这都会让公司 CEO 很无奈。我甚至见过一位行政人员，听到别人在句子末尾多加一个介词，比如“where did she go to（正确的语法应该去掉 to）”，都会痛苦得尖叫。还有严格区分主格宾格的强迫症患者，不能忍受一点语法错误。

单词的发音也会影响你的仕途。我经常去百慕大出差，给那边的公司开讲座，发现岛上不乏“发音势利眼”，他们对发音是否正确可谓吹毛求疵。岛上有很多人把“ask”错读成“ax”。我在讲座上无数次听到有人说，“can I ax(ask) you a question？（我能问你一个问题吗？）”哪怕当地人再优秀，人力部门也不会考虑提拔他去做高层管理工作，原因再简单不过，就是因为小小的发音错误。多么遗憾啊。

小技巧 46

语法错误误人前程

一定要当心了！“语法势利眼”们无处不在。无论是书面语法错误还是口头表达中的语法错误，都会耽误前程，影响仕途的发展，有能力也只能无可奈何。“这与工作有多大关联？”你不禁要问了。“我又不是给上流社会打工。改掉草根阶层的表达方式，这不是很虚荣吗？”是的，你说得有道理。可我还是要提醒你：工作中要注意措辞，语言的错误可能会阻碍你的升迁，到最后机会给了别人，而你还蒙在鼓里，不明就里。

没人会明目张胆地说：“我不提拔你是因为你的表达方式有问题。”但这样的事情确实会发生，而且比你料想的还要多。

43

你诚实可信吗?
(还是，那个，那什么，你诚实可信吗?)

谈到信誉这事，我心里有几句话不吐不快，请允许我再啰唆几句。下面要讲的这毛病，或许也是你的弱点，就算没有这个坏毛病，也请你不要跳过这一章，快速浏览一下总没什么坏处，因为现在很多人，尤其是年轻人，并没意识到这个“那什么”会让人觉得你不靠谱——而且这个毛病明明可以改掉。

上个月给一家公司提供咨询的时候，我经过大厅，听到两个员工在闲聊。一个女的讲道，“天呢呐，我今天中午，那什么（like)，真的快累死了。才吃完午饭，那什么（like)，丽莎过来问我‘你午饭还没吃完吗？’我想着，那什么（like)，得友好点，于是问她有没有什么要帮忙的。你看她，那什么（like)，自以为是的样子。那什么（like)，我吃没吃完要她管？”（在美式英语口语中，like现在已经成了一个口头禅，大家习惯用like来代替思考的空白。Like并没有任何实质的意思，为了便于大家理解，此处翻译成“那什么”——译者注）

这两人在公司是什么层次的员工，你能猜出来吗？是受人尊敬的领导吗？还是高管？还是业绩出色的销售人员？还是底层不起眼的小人物?

如果你的答案是最后一个，恭喜你，答对了，你并不是凭空推测的，对吧？线索就是对话中反复出现的“那什么”。有几位高管告诉过我，他们每每听到这个词都恨不得把耳朵堵上。但在有些公司，这个词的使用其实很常见。随着越来越多的人能够进行清晰有效的沟通，反感这种用法的人也越来越多，他们觉得，听到这个词痛苦极了，就像听到指甲划过黑板的尖利声音一样。有些主管跟我开玩笑说，常用“那什么”就是词汇贫乏的表现。在有些圈子里，你这么说人们会觉得你有意思，但要想凭借自己的才能跻身高级管理层，还是把这个词忘掉吧。

小技巧 47

坚决抛弃“那什么”！

每次脑海里蹦出这个词的时候，别着急说出来，先在大脑里进行“搜索替换”。用什么替换呢？沉默。趁着还没脱口而出“那什么”，及时住嘴，沉默片刻。（大人们，要是你家小孩开口闭口总说“那什么”，要给他来个小小的恐吓，“下次再说，我就拿肥皂把你嘴巴搓一遍。”应该尽早改掉这个毛病，免得将来工作了还把这个词挂在嘴边。）

不好意思，我忍不住再啰唆两句。除了“那什么”，还有一个短语，也会让人觉得你不够专业，不够稳重。

没问题！

它就像言语的病毒，正在以惊人的速度在美国境内蔓延。这个病毒的源头无从考证，但我们知道，年轻人和1990年以后出生的人是易感染病毒的高危人群。至于年龄超过40岁的职场精英们，则特别痛恨这个短语。

这个传染病叫“没问题综合征”。当别人跟你说“谢谢”时，你答“没问题”，在40岁以上的人看来，这本身就是个问题。今早在咖啡馆，我请服务员给我拿点方糖。她笑容满面地答道，“没问题。”“没问题”暗含的意思好像是说，“通常为顾客拿方糖是有问题的，不过你是特例，给你拿没问题。”

小技巧48

“没问题”本身就是个问题

年轻的读者们，谢谢你们让我一吐为快。我知道，你们的出发点都是好的，别人道谢时回答“没问题”也是发自内心的礼貌。这样说你们会好受些：要不了多久，我们这些1975年之前出生的老家伙都会离开这个世界，到时候你就可以随心所欲，高兴怎么回答就怎么回答。不过话说回来，别人道谢时，你最好还是回答“不客气”。（“这是我的荣幸”会让别人对你的印象更加深刻。）

44

不要发牢骚

你对工作一定有不满之处。其实大家都一样，即使对现在工作的单位，也有牢骚满腹的时候。放心，我可没打算在这里抱怨惹你烦，不过我也建议你也不要到处倒苦水。你会许会问，“我这个人总是吹毛求疵，挑三拣四，问题出在哪里呢？”令人欣慰的是，这可能不是你的问题，而是祖宗们的错！科学期刊《变态心理学》刊登了一篇论文，将矛头对准了基因。如果叔叔或者奶奶牢骚满腹，在基因的影响下，自然而然你也会如此。由于个体大脑结构的差异，对有些人而言，想要乐观地看待问题并非易事。遗传因素的负面影响固然强大，我们在工作中也应该抑制住不满情绪。无论抱怨是不是有理有据，只要抱怨了，就很难得到大家更多的尊重。还有更令人咂舌的：一项名为《消极思维模式与人际关系问题的解决》的研究发现，积极思维的人总能想出解决问题的办法，而消极思维的人却相当被动，不会主动解决问题。

设想一下，外面天寒地冻，公司的取暖设备却出了故障。那些总是挑刺的家伙抱怨起来，“我们也太惨了。天冷得快要把人给冻死了。照我们公司这个德行，恐怕一个月也修不好暖气。”你并没有随声附和，跟着添油加醋，而是开动脑筋，积极想办法改变现状，说做就做。我的客户公司的 CEO 是这么夸奖一名刚入职的员工的。“去年，我们公司的空调坏了，一个星期没有冷气吹，”他说，“大家都热得喘不过气，这时有个新员工主动请缨，去联系空调租赁公司。权衡价格之后，我们租了一些空调。这姑娘将来一定会有出息的。”在他看来，这位员工能积极地解决问题，而不仅仅只会抱怨。你们说，下一次晋升的时候，老板会优先考虑谁呢？

小技巧 49

在向上级反映问题之前，先积极解决问题

即使一筹莫展时，也不能袖手旁观，应该积极寻找问题的解决方案，不要人云亦云，跟着抱怨，这样大家才会更加尊重你。如果你提出的意见很有建设性，上司的上司，甚至公司的高层也会对你有所耳闻——小道消息总是传得飞快。下次晋升时，你就会成为优先考虑的对象。积极改变现状的人，谁不青睐呢？

还有一个因素会影响到职场上的信誉——它既不是语言或者发音的问题，跟表情和肢体语言也无关，下面我就来谈谈这个因素。

45

办公室不是鸡窝

把猩猩关在光秃秃的水泥墙里，没有绿色的植物，没有灿烂的阳光，自然栖息地该有的一切，这里都没有——这种做法很不人道。类似的，有些员工的工作环境也很差：采光不好，没有窗户，没有绿植，一天工作八小时，每周五天，有时候甚至还得加班。一个大房间分出很多小隔间，我也在这样的隔间里工作过，我怀疑这种办公室的设计者是个虐待狂，目的就是为了让隔间里的人们怒目相向。敲击键盘的哒哒声，电话里的吵闹声，乏味的聊天，还有各种各样的噪音，扰乱了内心的平静不说，更别谈高能高效了。

尽管很多公司的工作环境有所改善，仍然有许多员工被困在狭仄的办公室或者格子间里。下面，我们就来探讨一下，如何让办公环境更加舒适，更加整洁，这对升职也有所帮助。

办公桌乱糟糟，脑子里也乱糟糟？

你有整理癖吗？还是跟我一样不讲究，办公桌就好像刚被人打劫过？有些人认为，凌乱的办公桌是创造力的表现。事实上，J.K. 罗琳最开始创作《哈利·波特》的时候，就是在吵闹的咖啡馆里，用餐巾纸把想法记录下来的，而爱因斯坦是个无可救药的邋遢鬼，他甚至大言不惭地说，“如果说桌子乱糟糟，就代表这个人的脑子也乱糟糟，那么干净的空无一物的桌面说明什么呢？”我并不是要厚着脸皮，忝列其中，可爱因斯坦的话的确让我心里舒服了许多。其实很多富有创造力的人办公室都是乱七八糟的。暂且不提这些，我们谈谈什么样的办公环境最理想，对职场上的成功最有利。

几年前，一位名叫海莉的会议策划人，有意想请我在一个大型的行业会议上做一次主题演讲，于是她邀请我去她位于市中心的办公室面谈。走进办公室，首先映入眼帘的是她的办公桌，整理得干干净净，除了一台电脑、一个文具盒、一个设计新颖的文件盒，以及放在鼠标垫边上一沓整整齐齐的资料，什么都没有。“哇哦，我的办公桌要是也这么干净就好了，”我心里想，“我的办公桌乱得像鸡窝一样。”我们聊了一会，海莉告诉我她的日程排得很满，下周她在家办公，她问我是否可以去她家里找她。“好的，”我答道。

星期二我过去了，管家把我带到楼上海莉的办公室，一进去，我惊得嘴巴都快合不上了。我首先看到的是文件柜，门半开着，里面的文件散落了一地，桌上的资料堆得像小山一样，把桌面完全盖住了。她热情地跟我打了个招呼，把沙发上的书挪开一摞，好让我坐下来，沙发底下还有个空的易拉罐。海莉看出来我的神情有点异样，“哦，太乱了，你别在意啊。”她笑道，“只有这样我才能找到想要的东西，在家可比在公司自在多了。”

会面很顺利，我得到了那次演讲机会，可我还是想不通，她的办公室那么干净整洁，怎么家里却那么乱呢？我的好奇心被勾起来了，于是决定做一些相关的文献研究。几乎所有的研究，包括一篇发表在权威期刊《心理科学》上的重要论文（标题有点长：“整洁有序会让人们有更健康的生活习惯，更慷慨，更遵从社会规范，凌乱无序则会激发创造力”）都表明，乱糟糟的办公室会让同事、客户以及任何到访的人看轻你。信不信由你，整洁的办公桌仿佛在发出信号，“我工作起来有条不紊，思路也非常清晰。”如果办公环境乱糟糟的，别人会以为你在工作中也稀里糊涂的。所幸我都是半夜在家工作，虽然很喜欢我的编辑，却从来没有邀请她到家里做客，乱糟糟的桌子才没被人看见。

小技巧 50

办公区就是你的展示间

希望在我的建议下，你能把自己的办公桌收拾整齐，恰到好处地展现自我。展示间是展示产品的地方，而你要展示的是你自己。最重要的产品就是你自己。假如汽车经销店里面乱得仿佛车祸现场，服装店看起来就像旧衣物捐赠处，你还愿意在那儿消费吗？所以，如果有人经常去你的办公室，务必要保持办公室的整洁，当心有人以此为把柄，说你的不是。

故事到这里并没有画上句号。上周我把这一章内容重读了一遍，颇受启发，于是下定决心要把桌子整理干净。这真是个大工程；总算忙完了，我人也瘫倒在床上。可第二天早上走进办公室的时候，干净的办公桌让我不禁眼前一亮，高兴得心花怒放。以前要花上半个钟头在前一天晚上留下的“废墟”中东翻西找，可那天我立刻就能投入到工作中去。不得不承认，这是个很重要的动力，推动我继续保持办公室的整洁。

未来的办公室是个什么样？值得期待的东西有很多，而且在不远的将来就能实现。到时你可以通过增强现实技术设计自己的办公区域，什么都可以添加进去。如果跟我一样，你也喜欢把书本、文件等物品随意摆放在桌上，你完全可以打造一个自己专属的办公桌。至于其他区域，你喜欢用舒缓的潺潺流水声来淹没同事们的吵闹声吗？你喜欢从埃菲尔铁塔顶端俯瞰整个巴黎的景色吗？你想看到上司戴着手铐，坐在你的电脑旁吗？通过增强现实技术，你能体验到为自己量身定制的那份愉悦感，而其他人看到的，只有你跟前那张干干净净、整整齐齐的办公桌。

这些场景在不久的将来或许都能实现，现在还是让我们回到现实吧。对于多数员工来说，现实生活中最糟糕的事情莫过于，工作中总会遇到令人恼火的上司和同事，而你又不得不与他们共事。这样的噩梦该如何应对，这是下一部分的内容。

第五部分

共生

如何应对冷酷无情的上司
和讨厌的同事

Part Five

上司发飙了，你还得装作没事人一样，这的确很难。
以后再发生同样的事情，你不妨把上司（同事）
想象成兜着纸尿布的婴儿，扒在婴儿床边上，
愤怒地挥舞着拨浪鼓。而你呢，就是耐心的父母，
无论他怎么闹，也会永远爱着这个小淘气。

46

让大家久等了

有没有什么魔法药水，能把不怀好意的部门经理、尖酸刻薄的上司变成温顺的小猫咪？能把一直跟自己对着干的同事变成一个战壕里的兄弟？大家都希望自己的领导能跟下级友好相处，尊重自己，认可自己。也希望那些喜欢背后暗箭伤人，四处散播谣言，只会发牢骚，不做正事的同事，还有戏精们，能变得开朗随和。我要是能有根魔法棒，帮大家实现心愿就好了！但江山易改，本性难移，我能给大家的，只有一面盾牌，帮助你挡开恶意的中伤和攻击，在困境中为你提供思路，同时缓解你的痛苦。下面要介绍的技巧，只要假以时日，一定能产生长久的、积极的变化。

先来谈谈上司吧。如果一拿到这本书就直接翻到这一章（我很理解你为什么这么做），恳请你回头把前面跳过的部分内容读一下。为什么？因为我会引用前面的内容，并且前文中提到的很多策略也同样适用于上司。跟我们一样，上司也是人，不是吗？（虽然有时候他们的确冷酷无情。）好的领导也不是没有，他们给予下属鼓励和支持，甚至会在仕途上拉你一把。要是有谁运气好，碰上了那么好的上司，我打心眼里为你感到高兴。不过也不能仗着自己运气好，就跳过这部分的内容哦。根据大数法则，你迟早会遇到差劲的上司，只是时间长短问题，所以还是得未雨绸缪，才能有备无患啊。

现在的顶头上司就快要把你逼疯了！别难过，你不是孤军奋战。盖洛普民调调查了 7200 名辞职的雇员，结果显示 50% 的人离职是因为“不喜欢上司”。读完这部分的内容，你就知道如何让上司对你言听计从，更不用因为讨厌上司而辞职了。

虐待、性侵犯等极端状况不在本书的讨论范畴。言语是无法对抗严重的伤害行为的，伤害一旦开始，就不会停止，如果情况比较恶劣，务必要反映问题。有多少公众人物因为私下里行为举止恶劣而导致事业一落千丈，这样的例子屡见不鲜。每个单位都有底线。假如你向人力资源部举报了问题，但他们却没有采取任何行动，最终牵扯到的人力部门员工也要负相关责任。有员工向人力部门反映问题，对公司来说，其实是件好事，具体该如何操作，我们过会儿会讲到。现在，我们要先谈谈……

差劲的上司

差劲的上司哪儿都有，他们遍布世界各地，领导着不同的部门和公司。上司们形形色色，性格各异，如果全都罗列出来，这本书的篇幅怕是要跟人类史上最宏大的长篇小说之一——《战争与和平》媲美了，所以，我只能挑几种最常见、最极品的说说。差劲的领导可以分成很多种：盛气凌人的，爱操心啥事都要管的，好大喜功的，能力不足的，不合群的，虚伪的，官僚气的，优柔寡断的，吹毛求疵的，缺乏耐心的。（有遗漏吗？）要是你的上司刚好跟里面的某一种吻合（这种可能性微乎其微），你会在网上找到很多专家的建议，告诉你怎么对付这样的上司。遗憾的是，正如世界上没有两片一模一样的雪花，世界上也没有两个一模一样的上司。糟糕的上司往往是多个缺点的集合体。薪水、奖金、升职的机会以及仕途发展得如何，这些他们都有能力左右。我们往往无法改变他们令人讨厌的天性，但如果能把下面的技巧结合起来使用，你不仅能保持住自己的尊严，还能少走不少弯路。但首先，我要……

为领导们喊冤

现在我就是魔鬼的代言人。（也就是“上司”的代言人。）你有没有跟同事抱怨过上司？有没有不听从上司的吩咐，自行其是？明明上司在说话，你却把双臂交叉抱在胸前，眼睛看向别处，或者小声嘟囔？有没有翻白眼，冷嘲热讽，甚至直接反驳回去？上司也是人，如果你讲话时带着“不满情绪”，或者让对方感觉到你在质疑她的权威和能力，这就麻烦了。多数上司都有比较强的自我意识，内心深处隐藏着不安全感。他们用坚硬的盔甲遮盖自己的脆弱，一旦伤害到他们的自我，不管有心还是无意，都会触发他们的防御系统。这时候你最好放聪明点，赶紧找掩护，或者为长期冷战做好准备。

上司也承担着巨大的压力，我们常常会忽视这一点。很可能他手下不只你一个人，还有其他人。有领导告诉我，有时他们感觉自己就像托儿所的阿姨，每天得面对那么多喋喋不休的抱怨和十分幼稚的行为。城门失火，殃及池鱼，某位员工惹恼了上司，其他人也会跟着倒霉，哪怕他们并没有做错什么。上司冲谁撒气了呢？冲你。所以自然而然地，你的心里也憋了一股气，但或许上司并不是始作俑者，因为……

你的上司也有上司，上司上面还有领导，领导上面还有领导（一层一层直到顶）。

人们常以为权力链条到自己上司这一环就结束了，可事实并非如此。她吩咐你做什么，你就照做。你甚至觉得问一句“为什么？”都是对领导的不敬。还记得小时候，妈妈差遣你做事情吗？你两手叉腰，抬头望着妈妈，问道，“凭什么让我做？”妈妈回答，“因为我是你妈。这就是原因。”

情况如出一辙。上司吩咐你做事，可你觉得这事不太合理。你甚至觉得它会影响部门、公司或者客户的利益，或者对三者而言，都会造成不利，于是你追问上司为什么。她的回答很套路，真可恶。她是这么回答的，“因为我是你的上司。这就是原因。”其实她这么回答或许是迫于权力链条上层人物的压力，毕竟公司里有很多事情你并不知情。要么是你无从知晓，要么是上司出于对下属的保护，故意不告诉你，怕影响你的心情。

“等一下，这么说有点不对劲，”有人说道。我的上司是公司的老板，什么都是她说了算啊？好吧，即使最高层的领导也要面对来自股东、董事会成员、公司人力资源部或者高端客户的压力，被他们所掣肘。总有人能牵制领导的。

小技巧 51

上司也有顶头上司

而且他可或许比你的上司还要差劲！商场如战场，这是我学到的血泪教训。总有领导能让你的上司惶恐不安，让他们没法按照自己的意愿行事。几乎每位领导都有顶头上司，监视着他们的一举一动，权力链条就是这么层层往上的。与上司相处时，要牢记这一条，学会换位思考。

为什么我的上司是这样一个 _____（请填空）？

要是上司能一直理性行事，从来没有把你气到过爆炸，该多好啊？遗憾的是，在很多工作情境中，这是不可能的。随便举个例子：塔妮娅是一名团队领导，也是我的学员。有次上课时，塔妮娅告诉我，有家产品供应商她非常中意，可上司却让她取消与该公司的订单，把她气得火冒三丈。“这么做，”她抱怨道，“不仅会破坏长期以来建立的合作关系，而且，我还指望着这家供货商在危急时刻能帮我一把。另外，”她气急败坏地说道，“没有这些部件，生产部就生产不出产品。我的上司就是那么神经质，一会儿一个主意。”塔妮娅沮丧极了，问道，“三天前让我下的订单，三天后又让我取消，为什么？”这个问题又怎么能答得出呢？第二天，塔妮娅又去上班了。

上午十点半的时候，我收到了她的邮件，多少有点意外。塔妮娅在邮件里告诉我，她刚刚得知，公司正有意向与另外一家供货商合作，他们能提供同样的产品。“怪不得上司让我取消订单，”她这么写道。

这不禁让我想起费兹·华勒（美国爵士乐钢琴师、作曲家）的那句名言，“事情究竟怎样，谁知道呢？”塔妮娅，有时候我们并不清楚事情具体是如何发展的，但上司知道。塔妮娅的上司只不过是遵照领导的吩咐办事，并且还不能走漏风声。对上司的指令感到疑惑时，不妨换位思考一下，或许他（她）跟你一样，也有同样的困扰。幕后发生的事情你并不知情，也不应该打听（有时候这是为你好）。

上司的上司也是你的上司。顶头上司吩咐你做事，你会怀疑，会不满，但他或许只是“服从公司纪律”，尊重领导，保护领导。要是上司对你痛下狠手，有可能他是在保护你避免受到更大的伤害。

下面的这个技巧，并不能把上司从混蛋变成天使，却会让你能更加理性，更加宽容，更灵活地处理问题。记好了，在靠近权力链条的顶端，那里有……

小技巧 52

你看不到的一坨坨的便便

上司吩咐你做事情，不要追究原因，照他说的做就行。你目前的状况其实并不差，因为你的前面还有领导，要是你坐到了领导那个位子，就没有人保护你不闻臭气。更糟的是，你自己不得不泡在其中，还无路可退，不得不“负臭前进”。人们常说，“屎粑粑总是往下滚。”到了关键时刻，你还得帮下属们挡住这些臭不可闻的屎粑粑呢。

假如上司吩咐你做的事情确实很不合乎常理，也不要担心。在本书的 49 章，我会教你当这样的噩梦发生时，应该怎么做！

有些上司凶狠残暴，经常对员工恶语相向，哪怕最勇敢的下属，也会心惊胆战，下面我们就来聊聊这种上司。

47

吹毛求疵又仗势欺人的上司

如果你的上司只是优柔寡断，或者不大管事，或者比较伪善，或者好大喜功，一派官僚作风，你就偷着乐吧！仗势欺人的上司才最可怕！他们把工作变成了一种煎熬，以至于许多员工每晚都要在心中默念一遍辞职报告。上司非常凶残，可你目前又不打算辞职，那么更深入地了解他们的本性，可以有效地缓解痛苦。这些暴君们让身边的每一个人都觉得头疼，他们甚至彼此也互相厌恶。

美国心理科学协会研究过这些可怜的家伙，发现爱欺负人的人“天性嗜血”，他们无所谓麻烦不麻烦，只要能让身边的人痛苦就行。有一项具有里程碑意义的研究，叫作“虐待狂的行为证实”（多好的标题），研究人员首先列出四个任务，每个任务都会带来不适感，只是程度有所差异，然后要求受试者从中选出一项自己可以忍受的任务：（1）每个杯子里有一只昆虫，亲手杀死这些无辜的虫子，（2）帮助实验人员杀死虫子，（3）打扫卫生间的马桶，（4）身体接触冰水，忍受住疼痛感。为了增加第一项任务的不适程度，实验人员还专门给受试者展示了用来杀虫子的机器，一个改装过的咖啡机，粉碎虫子时会发出清晰的咔嚓咔嚓声。

担心这还不够残忍，研究人员又给受试者展示了将要被处死的小虫子们。每只杯子上都贴着标签，上面写着虫子的名字：马芬、麦克、小脚丫等。那些主动要求杀死虫子的受试者，在实验人员的指导下，一只一只地把虫子放进咖啡机，盖上盖子，然后粉碎。（别担心，受试者其实不知道，好心的研究人员提前在机器中间安装了隔层，虫子并没有真的被粉碎。这项研究没有杀害一只虫子。）

所有受试者中，有12.7%的人选择了第四项冰水任务，33.8%的人选择了打扫厕所。但有26.8%的人愿意自己动手杀死虫子，26.7%的人愿意协助研究人员杀死虫子，这个数字相当惊人。

实验结果是否意味着，有超过一半的上司有虐待狂倾向，或者是残忍行为的拥趸？这我可不敢说，可或许真的有仗势欺人的上司，他们对待下属冷酷粗暴，并从中获得快感。我亲眼见过这种虐待狂倾向的人，听到他们在会议上辱骂下属，我都替他们感到羞愧。

“我听不懂你在说什么。其他人也听不懂。”

“你的观点真是一派胡言。”

“就你这副德行，谁把你招进来的？”

“给我把嘴巴闭紧了，你不说话没人当你是哑巴，有什么好主意再开口。”

通常，谁也不能料想到上司会这样辱骂自己，所以大家要么忍气吞声，要么忍不住直接反驳回去。仓促之间，惊慌失措，只好绞尽脑汁，想着该怎么应对，可惜区区几秒钟的迟疑，就错过了最佳时机。这种情况下几乎是没有胜算的。忍气吞声吧，会让人觉得你傻乎乎的，很好欺负，回嘴的话，又会显得你气量狭小。一般而言，上司只要辱骂过你一次，就会有第二次，类似的侮辱从来不是一次性的偶发事件。

如何反击？必须提前做好准备。我强烈建议大家事先准备好一些语句，保持冷静，到了关键时刻，不至于无言以对，也不会说话不经大脑，将来后悔都来不及。下面介绍的这个技巧，高明之处就在于，它不会给上司留下任何把柄。同时，也能暗示上司，你很清楚他的意图，无非是想威胁恐吓。该技巧适用于任何场合，提前操练操练，下次就不会惊慌失措，反应不过来了。

小技巧 53

对付“吹毛求疵”上司的万能方法

眼睛直视着他（她），同情地说，“我明白你的意思”，然后加上上司的姓名。直接称呼上司的姓名，这招叫出其不意，攻其不备。接着，不要有任何迟疑，也不要表现出不快，更不要惊慌失措，语无伦次，你只需陈述客观事实即可，告诉上司你明白他的意思。

我有幸见识过一位名叫凯尔的工程师，他就非常巧妙地使用了这个技巧。凯尔供职于一家生产企业，这家企业也是我的客户公司。凯尔在会议上提出自己的建议之后，他的上司赛斯指着他呵斥道，“这是我听过的最蠢的主意！”凯尔面不改色地盯着上司的眼睛，点点头，平静地说，“我明白你什么意思，赛斯。”凯尔毫不退缩，也没有丝毫的慌乱，淡定从容，反倒越发衬托出赛斯的粗暴。赛斯大吃一惊，支支吾吾了几句，好不容易才重新控制住整个会场的局面。我扫了眼在座的其他人，大家仿佛心里都在说，“凯尔，干得漂亮！”

事先准备好一些语句，以备危急关头不时之需。准备时应该尽量保持平静，不要满腹怨气，有不要惶恐不安，这样到了关键时刻，你才能保持冷静。

48

上司发飙时怎么办？

凯旋运动鞋公司是我最早提供咨询服务的几家公司之一，达芙妮是该公司的部门主管。我发现只要跟她讲话，就总有蹊跷事发生。员工本来是朝我们走过来的，却半路躲到其他办公室，或者半路就往别处走了。达芙妮出现在哪里，哪里的气氛就变得紧张，直到后来，我才知道了原因所在。

有次我经过她办公室的门口，听到里面传来东西摔碎的声音，伴随着刺耳的尖叫。担心有人受伤，我立刻冲了进去，结果看到达芙妮瞪大了眼睛，站在办公桌后面，右手拿着一只登山鞋。她怒不可遏地把登山鞋向我砸过来，一边叫着，“又搞砸了！鞋舌头的双层支撑呢！这些蠢货！这种烂玩意儿卖给谁去？”

我小心翼翼地把鞋子捡起来，认真看了一下，心里纳闷，有双层支撑的鞋舌头是什么样儿。看着我满脸疑惑的表情，达芙妮嚷嚷道，“走开，你什么都不懂，笨蛋！”接着，另外一只鞋冲我砸了过来。我连忙低下头，一阵风声从头上呼啸而过。我赶紧跑到其他员工的办公室，上气不接下气。看见我狼狈的样子，达芙妮的助理走过来说，“没事的，莉尔。每天她都要这么折腾一次。有时候一天两次。

别放在心上。”公司总裁这时恰好经过，把我叫到边上说，“达芙妮工作能力是有的，只是经常管不住自己的脾气。我跟其他员工说过，别理她，这是对付她烂脾气的最好办法。”

待在那家公司的那段时间里，我又多次看到达芙妮发火，不回应就是最好的灭火方式，我赞成这个方法。上司们发飙的原因可多了，我见过因为电话响了太久没人接、员工忘了往复印机里添纸而火冒三丈的，还有位正在节食的主管，因为下属“订餐总是订高热量的曲奇”而气得尖叫。至于同事之间的矛盾，也是五花八门，我见过因为别人说话太大声打扰到自己，气冲冲跑出去的员工，也见过因为别人没把微波炉的食物清理干净、因为自己的办公空间被人侵犯而大吵大闹的员工。大嗓门，不注意公共厨房卫生，侵犯别人空间的家伙，当然谁都不待见，但如果你因此而大动干戈，也会失去别人对你的尊重。

上司发飙了，你还得装作没事人一样，这的确很难。你会情不自禁地来回琢磨他说的话。大家还是尽量不要往心里去吧。以后再发生同样的事情，你不妨把上司（同事）想象成兜着纸尿布的婴儿，扒在婴儿床边上，愤怒地挥舞着拨浪鼓。而你呢，就是耐心的父母，无论他怎么闹，也会永远爱着这个小淘气。聪明的父母知道，有时最好的办法就是佯装没看见宝宝在闹脾气。

基本点：越是在意，就越烦恼！

小技巧 54

佯装没看见对方发火

上司也好，同事也好，客户也好，发脾气时，不妨把他们看作吵闹的婴儿，他们心里或许比你还难受。不仅如此，

这些乳臭未干的家伙要吃的苦头还在后头呢——爱发火的人无法赢得大家的尊重。对方勃然大怒时，你最好别说话，这样才能取得最后的胜利。

不管上司有多差劲，同事有多难相处，我都强烈推荐大家每天使用下面这个技巧。无数人凭借这个技巧转危为安，它甚至还能帮助你保住工作。

49

每天记录工作日志

终于爬到了权力链条的顶端，高高兴兴地干到退休之后，你决定写一本畅销书，名为《糟糕的上司和同事：他们毁了我的人生》。沿着山路往顶峰攀登的过程是艰难的，在攀登过程中，离不开这个技巧的帮助，很多人因为小瞧了它的作用而一落千丈。

你年轻时候有写日记的习惯吗？我有，几年过后回头再读以前的日记，把我乐得前仰后合，不禁疑惑，“那会我怎么会看上那个混蛋？”或者“我怎么会相信这种两面三刀、背后说我坏话的朋友？”经过那么多年的摸爬滚打，我在职场上成熟了许多，羽翼也丰满了许多，痛苦的教训也不少：一心一意地支持上司，到头来却发现她是个会耍手段的骗子；把自己的真实想法告诉同事，最后他却背后给了我一刀，把我的功劳占为己有。

重要的一点是要意识到，很多事情都不是突然间发生的，而是日久天长积累的结果，都是有迹可循的。或许警报早就拉响了，但我们却没把它当回事。这也是为什么我们每天都要把工作中的事情记录下来，写工作日志的原因。成年人的世界里，它不叫“日记”，而是“日志”，每天不要多，几句话即可。

下班时间到了，就算今天没发生什么特别的事情，也要简单地用几句话概括当天的工作情况。正如上文所言，我们所遇到的困境，都是有因有果的。而每天记录一段话，就像时光机器一样，能把你带回过去，找出事情发生的原因。开始怎么回事？责任在谁？为什么会这样？这些问题，你都能找到答案。有了工作日志，你可以清晰地洞察事情的真相，事后也能学到更多。有时你会发现，问题的责任在你，但这样至少你不会错怪别人，累及无辜。学到新的教训，下次你就会避免犯同样的错误。一次犯错，大家可以理解；第二次犯同样的错误，就不能原谅了。

工作日志不用很长——除非你觉察到哪里有些不对劲。一旦有异样之处，应该记录得更仔细一点。工作日志的回报率很高，只需付出一点精力，却能在关键时刻帮上大忙。

出事之后，上司认定是你的责任，而你却没有及时记录事件发生的细节，这种情况下是不可能翻盘的。同事和上司甚至会把你当作替罪羊。举证的时候，光凭嘴巴讲是靠不住的，公司高层一般更愿意相信职位高的员工所说的话。没有工作日志的帮助，任何辩解都是站不住脚的。

下面我举个常见的例子。比方说，上司吩咐你去做件事，但你觉得这事儿很不靠谱。拍了拍脑袋，你心想，“他不是开玩笑吧！”“他八成是疯了！”“我可不干！”“这也太离谱了！”你心想，我是不是应该当面问问他，这件事情是否经过了上级的许可。“不行，这样对上司很不尊重，好像是在说，‘我不相信你。’”可万一真出了什么事，你又不想担责任。上司让做什么就做什么，出了事当替罪羊，进公司时签的雇佣合同里可没有这么一条啊。你不是因为像机器人那么听话才进的公司，是凭借自己的专业知识和技能，凭借自己的工作能力被录用的。怎么办？按上司的吩咐做，但同时也要记录工作日志保护好自己。接到上司的指令后……

- 把上司的指令一字不差地记下来，同时也要记录时间以及上司具体的安排。
- 上司所提到的时间和重要细节也要记录。
- 记下来之后读一遍，看看有没有包含主观感情的语句，如果有，立刻去掉，然后存档。或许它可以帮你保住工作。

第二步。如果还不放心，给上司发一封邮件，把他的指令概括一下，但不要表示出任何不赞成的意思。告诉上司，你想跟他核实一下，以保证能更好地完成任务。这么写："首先感谢您能百忙之中抽空，把今天交代给我的任务再看一遍。我简单总结了一下今天讨论的内容以及要采取的步骤，您看一下我有没有理解错的地方。如有问题，请您指正，没问题的话，请您下达开工命令。期待尽早开工。"

这一下你就不会担心得晚上睡不着觉了，也不用再纠结要不要听从上司的吩咐了。写好工作记录，给上司发一封确认邮件，然后撸起袖子加油干吧。这些证据都能够证明，你只是老老实实地遵从上级的指示，完成既定任务。一切安然无事当然最好，要是真出了麻烦，你也不会陷于被动。

小技巧 55

记录工作日志

记忆总会褪色，甚至真相也会被扭曲。但白纸黑字不会。每天记录几句话，能让你追溯到以前，还原当时事件发生的经过。如果察觉哪里有不对劲的地方，应该把细节也记录清楚。把每天的工作日志发送到自己的邮箱或者存在网盘中（设置密码保护）。如此一来，是上司的问题也好，同事的责任也好，都有迹可循，有证可查。记录工作日志是工作的一部分。

还有一种上司，他们就好像部落的首领，事无巨细，什么都要管，下面我们就来看看怎么对付这样的领导。

50

你的上司是喜欢控制别人的疯子，还是控制不了自己的疯子？

其实这区分起来挺难的。可怜可怜那些控制欲极强的上司们吧。跟仗势欺人的领导一样，他们的内心深处焦虑不安，藏着不可告人的小秘密。什么秘密？强烈的不安全感。有的人的确掩饰得相当好。但他们总是不开心，总是想查看你的一举一动，因为他们害怕失败。他们拿着放大镜，仔细观察你的一言一行，他们心里恐慌，也让你十分不安。这样的上司总是陷于恐慌的泥淖中无法脱身，这种情绪也会波及下属，结果要么该做事情却因为紧张疏忽大意了，要么总是出错，如此一来，上司会更加恐慌。你应该让上司对自己和下属有更多的安全感，这样的感觉越多，对你也越有利。

啥事都管的领导在大公司是很难爬到权力链条顶端的，因为高层知道，缺乏基本自信的可怜虫是成不了大器的。另外，高层还知道，监视下属的一举一动耗费了太多的时间，以至于他们根本没有精力面对更大的挑战，这么说你感觉好点没有？如果连自己的部门都管理不好，何谈管理整个公司呢？聪明的领导知道，密切关注手下一举一动的上司，不仅自己的工作效率会受影响，还会打击团队的工作积极性。

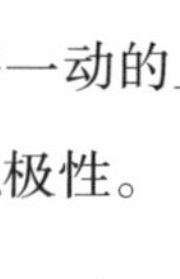

为什么要同情他们呢？还有第三个理由。他们累得像狗一样！为什么不让团队里的其他人分担工作呢，很可能别人做得比他们还好！不知道这点，是他们的损失。

你可以把上司想象成《哈利·波特》中的一种植物。它非常可怕，叫作食人花，如果有人不小心靠近了它，就会被它缚住，慢慢勒死。要是胆敢挣扎反抗，食人花会更加用力，绑住受害者的手脚，让他动弹不得，越勒越紧，直到他死去。跟控制狂上司相处是一样的道理，你越是反抗，他越是会加强对你的监管。多亏了哈利·波特的好朋友赫敏，他们才能发现让食人花放手的唯一方法就是冷静，不要恐惧。你得像聪明的哈利·波特一样，知道对付这样的上司，挣扎和反抗是徒劳的。必须挖出他内心深处的不安全感，彻底去除他的担心和顾虑。一句话，你必须保护他，获得他的信任，让他知道，你有能力把事情做好。不要固执，一味坚持自己的立场，“我自己能搞定”，这只会让他抓得更紧。要有耐心，循序渐进，要深思熟虑做好计划，你的努力会有回报的。

首先，找出对上司构成威胁的事物。这个威胁或许并不是真实存在的，只是她的假想敌。人们常说，“观察就是一切。”认真观察，一旦找到让她焦虑不安的原因，请她放心，你会把事情处理好的。让她知道一切都在你掌控之中，正在有条不紊地顺利进行。不用她一天过问几遍，你应该先发制人。向上司提议，每天给她发送工作报告，汇报进展情况。告诉上司，这么做是为了确保自己是按照她的指示行事。想象自己是一位心理医生，已经诊断出上司不安的根源，在工作报告中，一定要追根溯源，尽力化解她的恐慌。

比方说，对你来说，现在最重要的事情是提交新产品的规格书。可你发现，上司最担心的事情是，马上就得完成年终报告书了，还不知道你有没有收集好资料。这时候，你在工作报告中首先要告诉她关于年报的事，让她确认自己最关心的年报能按时提交，这会真正能让她松口气。对其他信息她只会浏览一下。

这个技巧使用几次下来，她会慢慢地开始信任你。如果办公室的气氛很和谐，大伙儿的关系比较融洽，你甚至可以提议大家提交团队工作报告，指不定其他人也和你一样感到憋屈呢，他们会因此对你感激不尽的。

小技巧 56

提交工作报告，让控制狂上司放心

控制狂上司最害怕失败，要不然，他们干吗要监视你的一举一动呢？拿出你的破案天赋，挖掘出他们内心最大的恐惧。然后，提议每天都提交一份工作记录，几句话概括一下当天工作的进展情况。通过工作记录，去除上司的不安和焦虑，让他放心。

渐渐地，他们会形成依赖心理，期待着你的工作记录，也不会再插手下属的工作。假以时日，他会慢慢学会放手的。

最后简单提醒一下，在控制狂上司面前，千万不要唯唯诺诺。无论发生了什么，别紧张。哪怕小心脏都要跳到嗓子眼了，哪怕连话都说不出来，也要表现得镇定自若，胸有成竹。这样上司才会放心，也会对你越来越信任。

如果情况仍然没有好转，你应该向人力部门反应，那就是我们下一章的内容了。你会发现，工作日志实在是太有用了。

51

向人力部门反映有用吗?

如同那些深奥的哲学命题，这个问题的答案也是模棱两可的——“看情况”。很多饭店进门的地方都有代存衣物处，把包存下来，拿好单子，出门的时候凭单子取走就可以了。人力部门其实也一样，只不过进门时候寄存的是情绪，而不是衣物。人力部门的工作人员见过太多的眼泪和怒火，都快麻木了，而且，情绪的宣泄会破坏你的良好形象。既然决定了要向人力部门反映问题，一定要从长计议，深思熟虑，仔细想想应该如何措辞，并且要先让父母、配偶、爱人或者朋友配合你演练一下。待心头的怒火发泄完之后，到了人力资源部，你才能更游刃有余地处理问题。

好消息是，多数人力部门的工作人员还是很称职的，但也不乏那种不到迫不得已，坚决不蹚浑水的人。他们也是人，也会担惊受怕，也有软肋，也有攻守同盟。更糟的是，为了逃避责任，不替他人保守秘密的工作人员也大有人在，所以跟他们打交道的时候，一定不能让对方钻空子。谈话开始前，明确告诉对方，谈话内容是两人的秘密，不能说出去。虽说尊重当事人的隐私是人力部门的职业道德，但也绝对不能大意。

在专门为管理人员开设的培训班中，我有个学员叫特雷弗。说起隐私，他的教训可谓惨痛。特雷弗是公司里的团队领导。特雷弗告诉我们，他向人力部门反映上司的某些问题，比如她总是吹毛求疵，打击大家的士气。特雷弗说他犹豫再三，不知道该不该向上级反映，最后他下定决心，这么做是对的。与人力资源部工作人员开始谈话前，他是这么请求的，“今天谈话的内容，请不要告诉我的上司……”然后他有理有据地说明了上司的问题。

“大概半个小时过后，”他接着说，“上司怒气冲冲地跑进我的办公室，砰的一声关上门，叫道，‘听说你跑到人力资源部告我的状。说我打击大家的士气，你哪来那么大的胆子！’我目瞪口呆，一时无言以对，对方明明发誓不会把秘密说出去的！”

是的，保护当事人的隐私是他们的工作要求，但千万不能大意！类似的故事我听到的不下十个，要是特雷弗能用上下面的技巧，悲剧就不会发生了。

小技巧 57
起誓两遍

向人力部门反映问题时，让对方起誓两遍，郑重承诺不会把你的秘密说出去。一次是在对话刚开始的时候，一次是在对话结束时，要让对方再次确认。只要问题没有严重到需要司法机关的介入，隐私是每个人的权利。一定要保护好自己的隐私。

52

怒火中烧时怎么办?

你快要被气疯了，这完全可以理解——那个混蛋在如此重要的会议上，当着那么多人的面贬低你；同事当着上司的面指出你的错误；背后捅你一刀的人，表面上支持你，暗地里却跟你对着干。你咬紧牙关，握紧拳头，差点被气到吐血。

喔，等一下！工作中，把怒火摆在脸上，不仅不能解决任何问题，还会让你显得面目丑陋，难看至极。你发火的样子会一直留在别人的记忆中，具体什么事情大家记不得了，但你丑陋的样子却印在他们的脑海里。无论你是不是真的受了委屈，也无论你发火是不是事出有因，当鼻孔往外喷火时，大家对你的印象只会大打折扣。

有一次我去参加客户公司的会议，看见销售经理萨凡纳火冒三丈，因为大家都没有完成销售指标。“你们得加把劲，加把劲，再加把劲，才能完成指标，”她说。萨凡纳用责备的眼神看着某位员工说，“尤其是你，艾弗里。”艾弗里身体僵硬地往后靠了靠，眯缝起眼睛，仿佛有两道寒光从他的眼睛里射出来。接着，艾弗里用笔敲打着桌面，发出响声，他用手揉搓着后脖颈，我看到那里都红了，满是汗水。萨凡纳头低下来盯着艾弗里，讪讽地说道，“不好意思，安德逊先生，你对我说的话有什么不满呢？”这是我第一次听到她称呼艾弗里为安德逊先生。

“哦，没有，女士。完全没有。您说得好极了，”他强压住怒火说道。这也是我头一次听他称呼萨凡纳为女士。

“那好，”萨凡纳一边说，一边笑容满面地看着大家，“现在大家伙儿可以回去接着忙活了。记住了，加油，加油，再加油。我们要努力实现目标！”就在每个人都站起来，起身准备离开时，她突然怒气冲冲地说，“除了你，安德逊先生。请你留下来。”

大家回头同情地看着艾弗里，脸上的表情仿佛在说“完了，这下你惨了”。我也离开了会议室。等待艾弗里的将是一场暴风骤雨，绝对不是什么好事。你看，艾弗里开会时其实什么也没说，其实什么也不用说，别人就能看出来他生气了。他身体的每一个毛孔都渗透出愤怒和敌意。要是艾弗里能用上下面的技巧，或许就不用留下来了挨训了。

大脑和身体之间存在某种连接，这是无可争议的。生气的时候，你会不自觉地绷紧下巴，握紧拳头，收缩肌肉，准备战斗。大脑不知道发生了什么，于是问，“身体，你在干吗？你好像很生气呀。”为了保持同步，大脑只好也适度调整，那么此时无论生理上还是心理上，你都处于愤怒的状态。但在工作中把愤怒表现出来，只会让人觉得你软弱无能，无论你是否占理。

身体比大脑更容易控制，你可以给身体下命令，赶走习惯性的生理反应，让身体为大脑做好表率。逼迫自己深呼吸，放松，肩膀不要绷紧。大脑察觉到了变化，说道，“哇，身体，你好像已经消气了！”身体不以为然地回答说，“是啊，看看我，我不生气了，你看不到吗？”就这么做！身体先伪装平静，多亏了身体和大脑的连接，大脑也会效仿。心态平和，做起事来才能得心应手。

小技巧 58

怒火中烧时，让身体先伪装

身体比大脑更好控制，要是有同事、客户、下属或者上司让你火冒三丈，先勒令自己的身体放松下来。这样，大脑会误以为你已经消气了。当然，捶打枕头也能发泄怒火，可这招在办公室用不了。无论什么情况，都应该表现得坦然自若，胸有成竹。

艾弗里需要面对的是自己的上司，但实际上冒犯到你的人有很多：借东西从来有去无回的同事，把音乐音量调得很大，透过耳机都能听到的邻桌，或者刚下了大订单却又改变主意的客户。冷静下来之后，再找这些烦人的家伙谈谈。让身体欺骗大脑，这招非常管用，即使有人把你气到抓狂，你也能气定神闲地跟对方友好地谈话。

53

遭受不公正指责时怎么办？

上司有没有凭空指责过你？多半有，那感觉真是糟透了。你是怎么处理的呢？是直接告诉上司，她错了，还是默默忍受，为整个团队背黑锅，不做任何申辩？还是像很多人那样，把责任推给别人？

“超出预算不是我的责任。供货商提高了价格。”

“这个订单没拿到不是我的错。客户不喜欢公司新出的退换货政策。”

“产品问题跟我没什么关系。是你让我缩短质控的。”

上课时我问学员们，有没有遭受过不公正的指责，教室里立刻怨声载道，大家纷纷开始诉苦。等大家倒完苦水之后，我问，“你们是怎么处理的？”很多人说他们立刻找上司对质，说明自己是清白的。也有人给领导写信，声明不是自己的责任。一位行政助理告诉我，她当时是给总裁写了封信，信里反映上司总是“凭空指责别人”。喔，可真是有胆量。

嘴巴上嚷嚷“这不是我的错”，只会让人觉得你不仅很幼稚，还在为自己狡辩。很多上司其实根本不想追究到底是谁的责任，他们更多的是对摆在眼前的问题束手无策。不幸的是，他们的怒火无处宣泄，只好宣泄在嫌疑人——也就是你的身上。

遭受不公正的指责时应该怎么办？小事情的话就不要计较了。忍气吞声的确不容易，可这说明你不是鼠目寸光的人。而且，最后上司或许会发现不是你的责任，你的形象瞬间就会高大起来！

可如果事关重大，关系到你的声誉，应该怎么办呢？你必须洗脱坏名声，不能在履历中留下任何污点，以免影响到今后的业绩考核、加薪与晋升。方法如下：

第一步，跟上司说“我知道为什么事情会这样”，或者“我明白你为什么那么想”之类的话。

第二步非常关键。稍做停顿，给对方思考的时间，因为你短暂的沉默说明了很多问题。（再一次见识到停顿的力量。）接着，把你所了解的事情的来龙去脉讲清楚。假如上司从中推断出这是某位员工的责任，很好。反正没有指名道姓，就算不上打小报告。

小技巧 59

突破细节，高瞻远瞩

无论如何都不要说，“那不是我的错”，太幼稚了。要说“我理解你为什么那么想”。这句话的高明之处就在于，它既卸掉了上司因为误会你而感到内疚的心理负担，其实她挺难为情的，又显得你很有能力。

这里我要插播一条重点。千万，千万不要越级上报。高层管理人员告诉我，碍于情面，他们都会耐心地听完员工反映的问题，但其实心里压根瞧不起那些不遵守公司不成文规则的人。

54

对你的指责有理有据（真的犯错时）该怎么办？

这下情况就完全不同了。你的确把事情搞砸了，想要把责任撇得一干二净是不可能的，最好把真相如实告诉上司。虽然通常大家的第一反应都是试图掩盖真相，但这招不仅不管用，还会让上司对你的印象变差。要是你也有一定的责任，不如立刻坦白，这样至少不用担心撒谎洗白最后被上司发现。尽管诚实不见得会让人立刻就对你青眼有加，可长远来看，一定会有人发现你的优点的，因为它是你好人品的体现。

做错了事，应该立即采取行动，要果断。意识到自己惹了大麻烦之后，不要像大多数人一样，在那里为自己编造借口。把事情的前因后果仔细理一遍。开动脑筋，想出各种各样的解决方案。方案不一定对，上司也不见得会赞同你，但至少他知道，你是尽心尽力思考过的。

举个例子，产品交付比规定的时间晚了两周。听到这个噩耗，有的上司会强忍住怒火，有的会气得直跳脚，直接开骂，“你 ***（脏话）为什么没有预见到这样的状况？”多数员工只能支支吾吾，“可是……，可是……”要么撇清自己的责任，要么拉别人下水。

你的手法就高明多了。去上司办公室之前，你已经想了一些方法来解决这个难题。首先，告诉上司坏消息时，要表现出非常同情的样子，然后说，“我低估了第二个生产阶段需要的时间。这是我的责任。非常抱歉。”（这样她知道你在主动认错，并没有把责任推给别人的意思。）“我会加班加点工作，想办法加快生产速度。另外，我还想了其他一些办法。”

很好，你提出了建议，并且让她放心，你宁肯放弃休息时间也要找出问题的原因，同样的差错不会再有第二次。你独自承担了所有的责任，并且尽力挽回损失。不同于很多人普遍的做法，你没有把问题往她那儿一扔，然后拍屁股走人。

下面我们再设想个家庭场景，好做个比较。六岁大的儿子走到你跟前，眼泪汪汪的，手里捧着你最心爱的盘子的碎片。下面哪一种处理方式，你会更容易原谅他？（1）他完全否认是自己摔碎的;（2）他撒谎，说是妹妹摔的;（3）他说自己不知道怎么回事;（4）他诚恳地向你道歉，非常自责，还拿出一管万能胶，说要把盘子粘好，或者提出用自己的零用钱给你买个新盘子。

我敢肯定，你的答案是最后一个——积极解决问题的小朋友。

小技巧 60

提出解决问题的方案

向上司汇报问题时，一定要提前准备好解决方案。哪怕情况再糟糕，也总有办法。虽然你的办法不见得是最好的，但只要你尽心尽力地思考了，就会赢得大家的尊重。最好准备多套方案，这样即使第一个被否定了，你还有其他备选项。懂得沟通的人，才会主动承担责任，积极寻找解决方案，也只有这样的人，才会被提拔。

55

上司忙碌时应该怎么做?

这些年来，我做了那么多演讲，开设了那么多讲座，可每次还是会紧张兮兮的。有没有忘掉什么东西？笔记在哪儿？水准备好了吗？计时器呢？面巾纸呢？需要什么道具吗？

每次演讲前我都会提前到达现场，即使忙得像没头苍蝇一样，我也要抽点时间跟听众们聊聊天。与听众们聊天，是演讲最大的乐趣之一。但开讲前的几分钟千万不要找我说话，难道有人没长眼睛，看不出来我正在疯狂地准备材料吗？同理，班上的管理人员也会跟我抱怨，总有些员工不带眼力见儿，正忙得团团转呢，却总是被人打断。

遗憾的是，我发现现在的年轻人尤其不善于察言观色，看不出来别人忙不忙。新的研究表明，沟通的关键在于捕捉和解读对方的情绪，缺乏这种技能可以说是致命一击，薪资的多少也恰恰能说明这点。有一项研究叫作《识别情绪的好处：情绪解读能力可以间接地预测薪资水平》，研究人员发现，年收入和情绪识别能力有密切的联系。也就是说，掌握了下面这项技巧，你挣的钱也会更多！

小技巧 61

在脑海里拍张快照

有事打扰同事之前，先在心里给他拍张快照，快速观察他的面部表情和身体语言。他看起来是在忙还是正闲着？有没有手忙脚乱？有没有不耐烦的表情？脸上是写着“闲人勿扰”，还是写着“欢迎骚扰”？观察完之后，再决定是退还是进。

要是你还没有在公司推广小技巧 33“交通灯观察法”，送你一句话——“不好意思，你要是忙的话，我等会再跟你说，有空了记得告诉我。”这句话用在任何场合都不会出错。

56

怎么对付讨厌的同事?

每天上班的时候，有没有同事跟你热情地打招呼，冲你微笑?当然，也有人该走路的走路，该说话的说话，继续忙活手头的事情，就跟没看到你一样。每个人都会在瞬间对你做出下意识的反应，有肯定的，有否定的……在这两者中间还有很多种中间态。

同理，你对别人也会做出下意识的反应。当察觉到同事尤其是上司距离自己不到三米时，电石火光之间，你会迅速地做出本能反应。比方说，看到有些同事，你很高兴，而有些只会令你觉得索然无趣。并且，无论在哪儿工作，总有那么一个人让你恨到咬牙切齿。

20几年来，我给数以百计的公司开过讲座，认识的员工有几千人之多。我经常问他们，“有不好相处的同事吗?”大家的反应相当热烈，有诉苦的，有抱怨的，也有人挥舞着双手，跃跃欲试要跟别人分享自己的经历。尤其是在公共讲座上，因为学员来自不同的公司，大家可以毫无顾虑地发泄自己的愤怒。瞧瞧他们是怎么说的!

“他居然用微波炉加热臭了的鱼。”

“她打电话嗓门实在太大了，我都没法专心工作。”

“他每次倒完最后一杯咖啡，都不知道再冲一壶。”

“她感冒的时候，把鼻涕纸扔得桌上到处都是。”

牢骚声此起彼伏，迟迟停不下来，我不得不打断他们问，“有多少人跟对方谈过这件事？”这回举手的人立刻少了很多，有时甚至一个都没有。“为什么不找他谈谈呢？”最常见的回答是……

“我不想树敌。”

“轮不到我说。”

“说了又没什么好处。”

我告诉大家，其实这种关系是可以改善的，我猜他们心里多半会想，“是的，莉尔，你有你的道理，可你不知道我办公室的那个家伙。他就是个混蛋！”或者“她就那个臭德行。办公室里没人跟她处得来。”

没错，具体情况我的确不了解，但你们的话我可都听见了。我始终认为，如果能充分发展、利用老天赋予你的能力和智慧，结合下面将要介绍的技巧，可以改善你们的关系。成为好朋友是没戏了，但至少你可以让办公室的氛围变得更友好一些。

难道什么都不做，问题会自己消失吗？你指望他们能幡然醒悟，请求你的谅解，悔过自新？我看希望不大。你总得说些什么才行。

为了避免造成对他人的伤害，很多学员告诉我，他们不仅没有找对方谈过，反而是向上级反映。千万别这么做，理由有两个。第一，这样显得你软弱无能，别人会以为，你没有能力处理这样的问题。第二，在主管们看来，这是你的事情，他们才没时间，也不愿意插手。有些主管告诉我，“打小报告”会让别人对你的印象大打折扣，让人觉得你斤斤计较。我建议……

小技巧 62

在向上司反映问题之前，先找对方谈谈

那个恼人的家伙快把你逼疯了，于是你只好去找上司诉苦。我敢打包票，上司问你的第一个问题一定是，“你跟他谈过这事了吗？”如果答案是否定的，上司会觉得你软弱无能，单凭一己之力完全解决不了问题。要知道，晋升的时候，这可是减分项。你应该事先找对方说清楚。

跟那个混蛋说什么好?

他又开始烦人了，你怒不可遏，感到周身的血液都在沸腾，这时候可不是谈话的好时机啊。对方忙碌的时候也不是好时机。选择一个你和对方都觉得合适的时间和地点，比如休息室或者餐厅只有你们两人的时候。若无其事地走到他跟前，有位子的话就坐下来谈，站着会让他觉得你居高临下。

战术如下：首先，问他现在忙不忙，能不能聊会儿。注意语气和措辞，不要给对方压迫感。要是他说没空，你就这么回答，“好吧，下次再约”，然后落落大方地离开。要是对方说可以，你先用名字称呼他，然后说，“不好意思，有点事我想问问你。本来我都不想提的，但我还是说出来，我在的时候，你可不可以不要 ________ ？”（填空题，填上他烦人的举动。）说话的语气要轻松愉快，不要咄咄逼人，告诉他为什么你不喜欢这个举动。可以根据情境调整措辞，但是“不好意思”和“本来不想提”这两部分一定要保留。

小技巧 63

提前准备好措辞

跟恼人的同事谈话时，一定要让对方知道你“本来不想”提起此事，并且这么做让你“觉得不好意思”，这一点很关键。语言上直接一点没关系，但肢体语言一定要友好。把前因后果说清楚之后，可以再加上一句，“不知道是不是只有我一个人为这事跟你提意见，抱歉啊。”不过要谨慎使用，因为如果对方脸皮很厚，可能会回答，“的确只有你一个。”

要是对方很嚣张，固执己见，你也不要翻脸，友好地说：“我明白了。我肯定也有坏习惯会打扰到别人。谢谢你。”然后再跟上级反映，告诉领导你之前已经跟他谈过话了。

57

如何对付牢骚满腹的同事

她向你走过来，脸上的表情仿佛在说“快点，我等不及要告诉你……”这副表情你再熟悉不过了。一箩筐的牢骚和抱怨正在前方等着你呢，快做好准备！你努力从他们的角度思考问题，因为你知道，他们的内心深处渴望认可，渴望与别人建立情感纽带。这些可怜虫们，总认为一切事情都是他们所无法控制的，要是出了什么差错，一定是别人的问题。他们认为自己是手无缚鸡之力的受害者，谁都可能加害于他们：上司、公司、某个部门……

他们是末日论者，并且振振有词，天就要塌了，怎么还会有人不知道要大难临头？总得有人挺身而出，告诉世人不是吗？不然灾难只会更加可怕，更加可怕。（这是他们惯用的伎俩！）他们靠近你耳边发牢骚的时候，你差点没冲他们叫出声来，“醒醒吧，现实点！跟大家一样忍着点不好吗！”可你是个聪明人，知道这么做不利于同事之间的团结，于是只好忍受他们的抱怨，既耽误了时间，又耗费了精力。这回他们的吐槽对象是谁？上司？财务部？人力资源部？生产部？销售部？还是公司的管理人员？谁都有可能，除了他自己。

有人跟你诉苦的时候，你或许会问，“好吧，你打算怎么办？”

但这个问题是永远得不到答案的，因为他们觉得自己可怜又无助，哪有什么办法？悲观主义者们不请自来，一次又一次地在你办公桌前逗留。（喜欢搬弄是非的人还会坐下来，打算在你这安营扎寨呢。）

怎么解决？有的专家建议，耐心地听完抱怨，让他们发泄出来就好了。这条建议看似很贴心，很温暖，却会影响你仕途的发展。如果大家看见你跟他们在一起说个不停，误以为你们是一路货色，这就不妙了。遇到爱发牢骚的同事时，如果察觉苗头不太对，他又要开始抱怨了，可以躲到卫生间去。假如他正朝着你的办公桌走过来，应该立刻抓起电话，开始拨号，或者装作你在打电话。

假如躲都躲不掉，还有个方法。不要有丝毫的慌乱，对方说什么，就把他的话再照葫芦画瓢重复一遍。这么开头，“按我的理解，你是说……（重复他的话。）”或者“我明白了，你觉得……（把他的不满再说一遍。）”注意自己的肢体语言，不能表现得太亲热，要不然别人会以为你跟他是一个阵营的。比方说，他对你讲，“生产部从来没有按时交付过产品。”你可以回答，“哦，你说生产部从未按时交付过产品啊。”

他继续讲，“这可不是我的问题。每次我都是提前很久就拿到订单了。”

你略做修改，答道，“明白了。每次你都是提前拿到订单。”

他又开口了，“真不知道他们拿到订单干什么去了。我看八成是随手一丢，扔桌子上落灰了。”

“嗯，”你答道，“它们被丢到桌子上落灰了。”重复对方的语句，牢骚满腹的人发现自己内心的渴求无法满足，于是只好草草放弃，去物色下一个目标。这个技巧很巧妙，一来，你并没有粗鲁地打断他，毕竟听还是听了，二来，能成功地把他赶走。

小技巧 64

重复对方的语句

要是躲都躲不了的话，不妨装作没听懂，重复他说的话。他很快就会有点恼火，却又哑巴吃黄连，有苦说不出，因为你既没有粗鲁地打断他，也没有不搭理他。这不仅会扰乱他的节奏，也会让牢骚变得寡淡无味。要不了多久，他就会乖乖地溜走的。

另一个让对方闭嘴的好办法

还有个对付爱抱怨的人的好办法。待对方讲几句话之后，笑容可掬，饶有兴味地说，“是的，那真是太烦人了。我们把它记下来吧。”然后抓起笔，或者在电脑上新建个文本文档。（这时候，你会发现对方的神情有些不对，仿佛在说“哎哟，不好”。）把他刚刚说过的话记录下来之后，抬起头，装出兴致勃勃的样子。等对方再说一两句，径直打断他，“等一下。我看看有没有记错，”然后接着记。

这下他完全慌了，心里纳闷，你干吗要记下来。打算告诉那个被吐槽的人吗？还是告诉上司？还是告诉所有人？要是他问你为什么，你可以这么回答，“我就是看看，有没有没听明白的地方。”他很快就会偃旗息鼓的。

小技巧 65

记录对方说的话

刚开始的时候，对方还以为你是出于好奇才会记录。一段时间过后，他的疑心病就会发作，心里开始疑惑，你是不是心怀不轨。这会让他感到不安，要不了多久，他就会知难而退的。

敷衍了事

要是前面两种方法你都不愿意用，还有第三个方案，叫“索然无味法”。他在那里一直唠唠叨叨，不停地抱怨，你就用一两个再简单不过的词回应他，比如“是的”“我懂了”“嗯”“好的”等，但不要：

表示出你有不同的看法。
指出他的错误。
谈自己的想法。
提出解决方案。

哪怕你的主意再好，这些怨天尤人的家伙也不会接受的：“那不可能”“这不现实”“你不了解情况”。试试最后这一招吧。

小技巧 66

索然无味法

无论你提多少建议，怨天尤人的家伙们总能找出理由反驳你。用若干简单词汇，敷衍一下对方，他们会觉得老是自己一个人讲很没劲，过不了多久就会识趣地离开的。

这三个方法至少可以让对方知道，你没兴趣听他们的抱怨。看着他们离开的背影，这下你终于可以松口气，全心全意投入到工作中去了。

58

今天还是好朋友，明天就在你背后来一手

公司有没有准备减薪？有没有打算减少福利？有没有要出售股份？

上司是不是有婚外情？有没有说要裁员？是不是正在办离婚？

某某同事是不是正在换工作？是不是隐瞒了犯罪前科？是不是要升职了？

如果你工作的单位规模较大，一定经常听到这样的流言蜚语。就算是小点的单位，也总少不了爱搬弄是非的人，他们连自己的嘴巴都管不好，到处散播谣言，无辜中枪的人比比皆是。这些可怜虫总爱添油加醋，无论是同事的私生活还是公司的财务问题，好像不说就难受，就连沙尘暴也堵不上他们的嘴巴。同情同情他们吧——包括“为什么人们会八卦：基于八卦的社会动机与因果的实证研究”在内的许多研究表明，爱搬弄是非的人渴望别人的关注，八卦能让他们自我感觉良好。

17 世纪的英国人对待长舌妇毫不留情。一旦被扣上了造谣生事的罪名，疑犯会被套上口套——跟马的口套很像，但痛苦多了。口套里有锯齿状的边缘，能把嫌犯的舌头固定在口腔底部。遗憾的是，现在公司对待搬弄是非的员工仁慈多了，你们公司没有这样的刑具吧。下面我要介绍的技巧，能有效地震慑住那些爱嚼舌根的人，还

能让他在精神上尝点苦头。虽然这个方法不能让对方彻底地改掉这个坏毛病，但不用再当他的垃圾桶也不错。这个方法的高明之处就在于，对方根本没有意识到，你在刻意疏远他。

比方说，一个同事跑过来，悄悄跟你说，“唐酗酒你知道吗？”海瑟跟丈夫在闹离婚。”“弗兰克说他巴不得经理被炒掉。”“佩琪至少胖了 10 磅。”“杰克逊说他在换工作。”“去年圣诞派对结束之后，卡琳和凯文就好上了。”这些八卦真让人恶心。有学员告诉我，下面这招对付这种人特别管用：告诉对方，你觉得这些小道消息真有意思，并且你会向当事人核实的。

小技巧 67

我们一起去问问当事人吧

下次再有同事找你搬弄是非，不要不耐烦，要装作饶有兴趣的样子。微笑着跟他说，“哦，真的吗？我们一起去问问他吧。”对方一定会大惊失色，说话也开始结巴了，“可……可是……”然后你笑一下，换个话题。对方会明白你的意思的。

花边新闻近在咫尺，却得管好自己的嘴巴，还真不是件容易事，想要不八卦自己讨厌的人，那就更难了。当别人搬弄是非是时，如果你能有足够的自制力，不跟着添油加醋，同事们会很尊重你的。你可以愉快地告诉大家，你手头还有很多事情，然后走开就好。

为什么不能跟爱八卦的人走得近？还有一个重要的原因。猜猜下次他会嚼谁的舌根呢？说不定就是你。你透漏得越少，他就知道得越少，你就越安全。

59

如何让爱插话的人乖乖闭嘴

说话时被人打断是很不愉快的。我当然也一样，哪怕讲的内容无关紧要，也不希望有人插嘴。这会，我脑海里浮现出一位同事，他特别爱插嘴。其实他的本意并不是要让我难堪。被他冒犯了几次之后，我开始留心观察其他人是怎么处理这种情况的。有的人会盯着对方恶狠狠地说，“不好意思，我在讲话。”有的则凶巴巴地看着对方，指着自己嘴巴说，“看着点，嘴巴还在动，我话还没说完呢。”其中也不乏挖苦的话：

“你看你都插嘴了我还说个不停，真是不好意思啊。”

“你哪只眼睛看出来我讲完了？”

“别着急嘛，说话也有个先来后到啊。”

“我还没讲完呢，你不介意吧。”

这样反驳无非是想让对方闭嘴，结果却搞得自己也很尴尬。

要是开会或者一对一谈话时，有人打断你，应该怎么办呢？我的建议如下：

小技巧 68

绵里藏针

为了凸显自己的好脾气（与对方的可恶），不仅不要表现出不满，反而要装出很高兴的样子。对方打断你的那一刻，立刻停止讲话，并且露出赞许的表情。然后低头看笔记或者电脑。待他说完，抬头看着他说，“哦，不好意思，刚刚我有点分心。”（对方打断了你，你当然会分心了！）接着说道，“刚刚讲的内容你能再说一遍吗，我很想听听。”

于是，对方不得不把刚刚讲过的话重复一遍，这下，谁都能看出来是他打断了别人。这一招用在会议上效果特别好，他得当着那么多人的面，重复说过的话。下一步：不要一副怀恨在心的样子，应该一边若无其事地冲大家微笑，一边说，“刚刚我说的是……”把讲了一半的话说完。他的感觉肯定糟透了。

60

有不同意见时，如何委婉表达自己的想法

话音刚落，就有讨厌的同事跳出来，反对你的意见，嘴里嚷嚷，“我反对”或者“你这个思路不对”，这种事你一定经历过。这跟直接打脸又有什么区别呢？我们跟上司一般不敢这么讲话，但会议上同事之间互相拆台的例子我见得太多了。有的人甚至张嘴就说“你不对”，那种突兀的感觉仿佛把你带回了童年，你伸手去够饼干罐，却被妈妈一巴掌打了回去。

现在我们调换一下角色。设想会议上有位同事提出了自己的想法，你觉得这个主意简直就像狗屎一样，那应该怎么告诉这个夸夸其谈的家伙，你不赞成他的想法呢？又到底该不该说呢？

说还是要说的，如果事关重要，就必须得讲。但要注意说话方式，既要让人觉得你是出于好意，又能赢得大家的尊重。首先要肯定对方——然后停顿片刻——接着再提出自己不同的看法。比如：

“你的想法非常吸引人。”**停顿片刻**。接着提出自己的观点。

“你的见解很深刻。”**停顿片刻**。接着说出自己的想法。

“我知道你为什么会从那个角度看问题。”**停顿片刻**。然后讲讲自

己的思路。

如果开头能加上“是的”，那就更好了。

“是的，你这个思路非常有意思。”**停顿片刻**。然后说出自己的想法。

“是的，看得出你没少花心思。”**停顿片刻**。接着讲讲自己的思路。

与同事交流时，永远不能低估停顿的神奇作用。喜剧演员为什么要在正式演出前，来回彩排，掐准时间点呢？就是因为短暂的停顿能给观众片刻思考的时间，找到笑点。同理，给同事一些时间，让他们先充分享受被人夸奖的愉悦感，先给胡萝卜，再挥舞大棒，毕竟后半部分的内容对方听了会不高兴。

小技巧 69

先胡萝卜，后大棒

表达不同意见时，应该先夸奖对方，用“有趣的”“很有见解”“经过了深思熟虑”等形容词，对他的观点表示肯定。然后停顿一下，给对方足够的时间，让他享受被人夸奖的愉悦，然后提出自己的想法。他或许都没有察觉到自己被否定了！

61

开口前，先换位思考

还记得有人讲过的一个东方国王的故事吗？如果一个信使带来的是好消息，国王就会非常高兴，把他当作王子一样招待，美酒佳肴，应有尽有。可要是信使带来的是坏消息，自己的下场就惨了，就会被拖出去砍头！下面要讲的道理，如果你本来就明白，那真是太好了。可没把这个道理当回事的人，也不在少数，结果呢，当然是对自己不利。下面我们就来看看这个技巧。

开口前，要先换位思考，揣摩一下对方的感受，因为你并不知道他会如何反应。比如，公司总裁跳过你的上司，直接找你谈事情，但按惯例，这件事应该是通过你的上司。你心里挺得意的，开心地把事情的经过告诉了上司。

他的脸色突然黑了下来，冷冰冰地命令道，"你出去。"奇怪了，下属表现得好，上司不应该也跟着高兴吗？太不公平了！你又没做错什么——还是做错了？

问题在于你跟上司讲话的方式。"高处不胜寒，"你一定听说过吧。这话的意思并不是说，领导因为没时间陪家人或朋友而感到孤单。职场错综复杂，人心叵测，可身边的人却不理解自己的难处，他们有时候会感到心灰意冷，觉得没什么人可信任。如果说话前，没有预先考虑对方的感受，他们会因此而恼羞成怒，因为他们觉得你根本不理解自己。

那么，公司总裁直接找到你，却没有找上司协商问题，这样的坏消息应该怎么告诉上司呢？下面这三个人的例子，都是反面教材，你可不要学。上个月的某一天，我乘坐红眼航班去西雅图，早早就到达了机场。我来到下榻的酒店，结果前台一脸轻松，像没事人一样，说道，“你的房间还没收拾好。”（笑什么笑！看不出来我有多失望吗？就不能有点同情心吗？）

又累又饿，我拖着沉重的脚步来到附近的一家 7-11 便利店，到里面的自动取款机取点钱。捣鼓了五分钟之后，一分钱也没取到。这时候便利店老板大摇大摆地走过来，颇有得色地说，“这机器有些年头了。已经坏了一周了。”

“你为什么不早点告诉我？”我真想大喊大叫。（就不能体谅下别人沮丧的心情吗？）

那天晚上，我去了当地我最喜欢的一家饭店，这家饭店有个招牌甜点，特别好吃，想想就让人流口水。我告诉服务员我特别喜欢这道甜点，可对方耸了耸肩膀，满面笑容地说，“对不起，最后一份刚刚售罄。”（我真想把叉子砸到他脸上去，就不能换位思考一下吗？）

为什么我的反应会如此强烈？是天大的事吗？当然不是。酒店一般都要等到中午十二点才能办理入住，去早了没房是正常的，自动取款器坏了，饭店的招牌菜卖完了，这也很寻常。让我火冒三丈的，是他们说话的方式。他们是察觉不到我有情绪吗？为什么不表现出一点同理心呢？

现在回头说说上司。在他看来，总裁直接找你谈事情，是对他的一种轻慢，你却得意扬扬，兴高采烈地（对你来说确实是喜事）跑去跟他讲，这就不合适了。跟同事说话之前，要先设想一下，他对谈话内容会如何反应。

小技巧 70

换位思考，差别对待

人们常讲，“要实话实说。”尊重事实固然是好的，但在说话之前，也要考虑情绪的因素。不妨先问问自己，“听到这个消息，他们会怎么反应？会对他们产生怎样的影响？会因此而感到困扰，感到疑惑吗，会多心吗？”哪怕同样的事情，每个人的感受也会不一样，所以要换位思考，对不同的人，要用不同的方式讲话。

62

千万不要说上司的坏话

它是全世界人民工作时的头号消遣。它不仅分外有趣，能缓解压力，还能打造出战友情谊。不幸的是，它也是很多人明明很有才华，却仕途不顺的原因。侵犯别人，伤害别人，乃至毁掉自己工作中的机遇，这到底是什么消遣？答案很简单，就是说上司的坏话。可“大家都说上司坏话啊”，你或许会这么讲，但靠近权力链条顶端的人，是绝对不会这么做的。而且，说上司坏话只能解一时之气，同事对你的印象也会变差，哪怕它们也不喜欢上司。

每次讲到“与上司相处”的时候，下面的学员们就会握紧拳头，时不时地揉搓脖子，或者叉着胳膊。不需要专业的心理学家，明眼人都看得出来，他们心里难受着呢。我看见他们挥手时掌心里的汗水，仿佛是在迫不及待地告诉别人，“我的上司可恶极了”——这种情况在公共讲座上尤其多见。他们通常是这么发牢骚的：有位学员说，“我昨天给上司发了三封邮件。她一封也没回！她从来都是这样。”另外一个抱怨说，“我的上司估计连看都不看。”“你们知足吧，”第三个人讲，“我的上司每天都在监视我的一举一动，遇到这种控制狂真没办法！”每节课都会有人说，“等上司做好决定，同意签署项目，怕是黄花菜都凉了。”“我的上司特别没用，是个胆小鬼，他从来不会维护部门的权益，哪怕明知道责任不在我们。”以及“我有证据证明我的薪水太低，可上司总是当没听见，说我在编瞎话。”

培训课有时候会变成一场控诉大会，大家争相诉说自己有多可怜。但其实这么做，一个赢家也没有，只有输家——跟别人抱怨自己的上司，最后却被抓了个现行。班上有个会计，她给大家讲了自己的经历，“几个月前，一个星期六的晚上，我和朋友米切尔去看电影。买票的人排成了长龙，为了打发时间，我们聊起了工作。我告诉她我很讨厌自己的上司，她就是个贱货，总是跟我过不去，看我哪都不顺眼。”

“这时候突然从背后传来一阵大笑。我转过身，天呐，原来是公司总裁和他的妻子站在我身后！”

“‘你说她是……货，是吗？’他笑着说。我的脸红得像猪肝一样，赶紧道歉。他是笑着说的，我想应该没什么大碍吧，接着我们又随便聊了几句。”

“结果星期一早上，上司把我叫到了她的办公室。她简直快气疯了，说我骂她是贱货，厉声斥责我。她说这是总裁告诉她的，这事让她丢尽了颜面。她还说我两面三刀，一点职业道德都没有。从那以后，她对我的态度每况愈下。哪怕我再努力，她也没有原谅我的意思。于是我只好换了工作。”

她的故事起到了抛砖引玉的作用，又有很多学员跟大家分享了自己的悲惨经历，都是背后说上司坏话，最后没好果子吃。有的被调到了不喜欢的部门，有的被上司认定为“刺头”，得不到信任。有的被上司骂了一通之后，深知升职无望。有的结局更悲惨，甚至丢掉了工作，求职也得不到上司的推荐。那么，究竟应该怎么办呢？方法其实很简单。

小技巧 71

永远不要说上司的坏话——千万别

不让说上司的坏话，你干脆让我别喘气得了，你肯定会这么想。可吐槽上司真的是大忌讳。你不如回家砸枕头，踹猫咪两脚（玩笑话，不能踹啊），或者多做深呼吸，多散会步。就是不可以跟同事抱怨上司，跟公司有往来的人，也不可以。跟朋友最好也别抱怨，这样不仅会自贬身价，还会让人觉得你没能力把控自己的职业生活。

在社交媒体上说上司或者公司的不好，后果有多严重，就不用我多言了吧？他们中的大多数人现在都公司的前雇员。

大家不用太担心，随着公司的大环境越变越好，领导也在进步。那种“一人说了算”的公司和家族企业的确存在，但整体的公司环境在往互助和协作转变。当代人更有社会意识，更有社会责任心，知道大数据和网络能把所有的人和物联系起来，在他们的影响下，职场正在发生日新月异的变化。这些变化多数是好的，当然也有不好的。在结束本书之前，让我们来快速地了解一下，在不久的将来，人们会在什么样的地方工作。

第六部分 结语

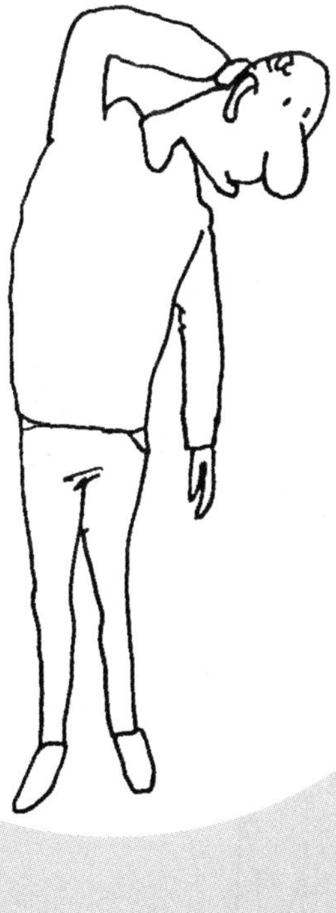

Part Six

▼

你听说过马语者吗？马语者是一些很特别的驯马师，
他们对马的需求和行为有着非常难得的、深入的洞察力。
与你共事的可不是马儿，而是人，
但其实我们需要掌握的技巧大同小异。仔细地观察对方。
学会区分不同的信号，及时发现问题。

63

未来的办公室

还记得我在前面讲过，小时候一到下雪天，我就去爸爸办公室吗？那时候的领导几乎全是男性，女秘书们跑前跑后，从来没见过传真机的我，觉得好新奇。要是有时光机，能让人穿越回过去，你一眼就能认出以前的办公室，可要是穿越到将来的话，就没那么容易了。

设想一下未来的办公模式。通常你都是在家工作，但也有去公司的时候。走近办公室入口，迎面看到一个电子摄像头，对照面部特征，核实身份之后，门自动打开了，AI（人工智能）接待员跟你说早安。通过电子设备，每个人都知道你今天来上班了。工作台在一个非常宽敞的房间里，你走向自己的工作台，看到上司还有其他同事正在笔记本等电子设备上忙碌着。办公气氛很融洽，大家通力合作。公司还有一个咖啡厅，提供咖啡和小食，休息时可以坐下来放松一下。

时间再往前跳几年就是这样的场景：你戴着增强现实技术（AR）眼镜，显示屏上跳出一些新信息，那是人工智助理根据最佳时间分配方案列出的事务清单。要是喜欢的话，你还可以自己做一个AR相框，里面放上家人的照片，或者做一个巨大的鱼缸，里面有只游弋的大白鲨。

你迅速浏览完信息，因为人工智能助理已经把每条信息的重点列了出来。另外，所有需要立即回复的信息已经圈了出来。

如果你是个比较传统的人，肯定想随口说声谢谢，这才想起来助理其实是个虚拟角色。（性别由你来决定。）

你得跟经理开个视频会议，讨论项目报告。人工智能助理已经根据你们的时区和个人喜好，安排好了会议时间。所有相关的邮件、材料、对话、文本也已经准备好了。他甚至还把表格变得更加美观，修改了文本，确认两地的天气状况，甚至还提醒你，想要实现最优的会谈效果，跟经理谈话时应该注意些什么。

午饭过后有点犯困？没问题。午休好了才更有精神，效率也会更高。于是你预约了睡眠舱，在里面能看到闪烁的星空，能听到轻松舒缓的音乐。20 分钟过后，它会叫醒你。睡醒了，你整个人又充满了干劲。人工智能助理已经给你安排好了下午的日程。

这一切看起来多么美好，但回顾人类历史的进程，没有一次进步是不需要付出代价的。这里也是如此。很多员工会感到身心俱疲，因为上司会利用大数据来考核他们的工作表现；他们还担心上下班路上，无人驾驶车会出事。以前人打字打久了，会患上腕管综合征，在虚拟现实中，人们更容易患上的是“刺激眩晕综合征”。“刺激眩晕综合征”是虚拟现实所引起的，大脑和身体之间的不同步——跟 52 章提到的大脑身体连接的道理有点类似。大脑的反应是“我们在动”，身体却说，“不，我们没在动”。这种不协调会导致眩晕和呕吐。好了，我们暂时先不纠结细节了。

其实没什么好担心的，整体而言，得益于技术的发展，将来人们的工作效率会更高，气氛也会更开放，更民主，更有益于员工们的互助合作。但到了那个时候，这本书仍然不会过时，因为无论前方的困难和机遇如何，有一样东西是永远不会改变的。机器人只能帮助我们做一些枯燥、重复性的工作，我们仍然得和具有思维和情感的活生生的人打交道。

这本书已经教会你了各种各样的技巧，它们会帮助你走向事业的高峰。做一个拥有自信并且能展现自信（第一部分）的人，关心同事（第二部分），能进行清晰有效的交流（第三部分），诚实正直（第四部分），无论是在网络世界还是在现实世界，都能和上司及同事友好相处（第五部分），那么，还有什么能阻挡住你前进的步伐呢？当然，想做到这些，必不可少的前提是——了解那种与你共事的，奇妙又复杂的生物——人类。

64

了解人类这种生物

你听说过马语者吗？马语者是一些很特别的驯马师，他们对马的需求和行为有着非常难得的、深入的洞察力。与传统的驯马师不同，马语者驯马时不仅非常有耐心，还非常了解马的心理。在深入了解马儿们的基础上，他们温和地引导马儿与人类合作，推崇使用马儿天生就能领会的方法。某种意义上，马语者掌握了读心术，知道马儿的感受。马儿的耳朵有向后耷拉下来吗？鼻孔张大没有？尾巴有没有甩来甩去？后腿抬起来了吗？马语者知道这些都是危险的信号，提醒自己要当心！（那些从马背上掉下来摔断腿的人，显然没有注意到这些信号。）

与你共事的可不是马儿，而是人，但其实我们需要掌握的技巧大同小异。仔细地观察对方。学会区分不同的信号，及时发现问题。我学马术学了很多年，我学习的那家马场就有位马语者，叫泰勒。有次我和泰勒聊天，他问起我的工作，我告诉他我是个演讲老师，开设讲座的主要目的是，帮助大家通过更有效的沟通方式表达自己的想法。我同泰勒开玩笑说，他很幸运，因为马儿不会像人一样撒谎，也不会伪装。

泰勒想了一会儿，后来给我上马鞍的时候说，“人们无法一直伪装。如果我想知道一个人的真实想法，我会趁他没注意我的时候观察他。”

我看出来泰勒突然想到了什么，于是请他继续说下去。“你的意思是？”

“你看，只有当人们以为你没在看他的时候，才会表现出最真实的样子。我的工作也是这样。我也得观察马儿，只不过它们不会因为我的注视就刻意伪装。”他转过头来，冲我眨眨眼睛，又说道，“了解一个人最好的办法，就是做一名‘马语者’”。

他的这个类比简单易懂，却又蕴含着许多道理，真是令人拍手叫绝。嘴巴可以撒谎，但表情和身体却在不经意之间暴露出真实的自己。这种来得快也去得快，转瞬即逝的表情，科学家们称之为微表情，我们每天的微表情有几千个之多。科学家们将微表情与大脑的活动进行精准比对后发现，某种意义上，读心术是可能的——尤其是当你趁别人不注意时偷偷观察他。

我曾经问过泰勒，为什么人们把他的职业称为“马语者”。我打趣道，“我从来没见过你跟马儿窃窃私语啊。”他解释说，以前人们不知道跟马儿是怎么沟通的，所以看到有驯马师能靠近没被驯服的野马，跟马儿窃窃私语几句，马儿就会尊重他，乖乖听话，就像被施了魔法一样。这就是马语者的由来。

要是你也会施魔法，获得所有同事的尊重，让他们也乖乖听话，岂不是好极了？其实，你确实可以做到，成为一名“人语者”就行。首先，我们来了解一下泰勒的智慧，你就明白该怎么做了。他继续说，“其实哪有什么魔法。只要了解它们的动物本能，知道什么情况下马儿们会如何反应，就行了。要先观察和了解，在马群中它是如何跟其他马儿相处的，然后及时捕捉信号，以避免问题的出现。通过不断的练习和实践，你就会知道怎么做才能让马儿尊重你，愿意与你合作。”

“最重要的是，不能强迫马儿做任何事。你得让它心悦诚服才行。如果中途它撂挑子了，你得搞清楚哪里出了差错，为什么会这样，如何补救。你想知道的一切，马儿都会告诉你，一定要仔细观察。”

“和马儿相处，要保持良好的心态，不能急躁，要让它信任你。大喊大叫完全没有用。发火只会吓到马儿，跟所有惶恐不安的动物一样，它要么反击，要么逃跑。”

下面要教给大家的最后一招可不是我说的，而是泰勒的原话，我只不过把“马儿”全都换成了“同事”。你还可以吧“马儿”换成“上司”，不过同事的含义更广，也包括上司哦。

小技巧 72

人语者

“其实哪有什么魔法。只要了解他们的动物本能，知道什么情况下同事会如何反应，就可以了。要先观察和了解在人群中，他是如何跟其他同事相处的，然后及时捕捉信号，以避免问题的出现。通过不断的练习和实践，你就会知道怎么做，才能让同事尊重你，愿意与你合作。”

“最重要的是，不能强迫同事做任何事。你得让他心悦诚服才行。如果中途他撂挑子了，你得搞清楚哪里出了差错，为什么会这样，如何补救。你想知道的一切，他都会告诉你，一定要仔细观察。”

“和同事相处，要保持良好的心态，不能急躁，要让他信任你。大喊大叫完全没有用。发火只会吓到他，跟所有惶恐不安的动物一样，他要么反击，要么逃跑。”

与同事相处的成功秘诀就是理解他们的动物性，了解他们对你的言行会如何反应。纸上得来终觉浅，光读完这72个技巧是没用的，你得不断地练习和实践，直到它们成为你的第二天性。要不了多久，你就不会再为“我该怎么办？”这样的问题而头疼了，自然而然你就知道该怎么做。这也是我在《与谁都能聊得开》一书中强调过的：

重复一个行为就能使之成为习惯。

习惯塑造性格。

性格决定命运。

愿成功是你的命运。

（完）

图书在版编目（CIP）数据

跟谁都能处得来：72个妙招让你实现职场有效沟通 /（美）莉尔·朗兹著；薛玮译 .—上海：上海社会科学院出版社，2020

书名原文：How to Talk to Anyone at Work：72 little tricks for big success in business relationships

ISBN 978-7-5520-3135-5

Ⅰ.①跟… Ⅱ.①莉… ②薛… Ⅲ.①人际关系学 Ⅳ.① C912.11

中国版本图书馆 CIP 数据核字（2020）第 044397 号

HOW TO TALK TO ANYONE AT WORK: 72 LITTLE TRICKS FOR BIG SUCCESS IN BUSINESS RELATIONSHIPS
by LEIL LOWNDES

上海市版权局著作权合同登记号：图字 09-2020-157 号

跟谁都能处得来：72个妙招让你实现职场有效沟通

著　　者：（美）莉尔·朗兹
译　　者：薛　玮
责任编辑：周　霈
特约编辑：陈朝阳
封面设计：主语设计
出版发行：上海社会科学院出版社
上海市顺昌路 622 号　邮编 200025
电话总机 021-63315947　销售热线 021-53063735
http://www.sassp.cn　E-mail: sassp@sassp.cn
印　　刷：河北鹏润印刷有限公司
开　　本：710 毫米 ×1000 毫米　1/16
印　　张：16.5
字　　数：200 千字
版　　次：2020 年 6 月第 1 版　2020 年 6 月第 1 次印刷

ISBN 978-7-5520-3135-5/C · 194　　定价：42.80 元